F

ATLAS ROUTIER

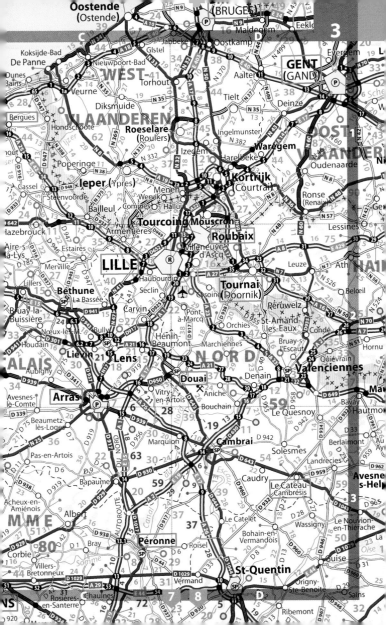

0   10   20 km

Alderney

Cap de la Hague

Baie
d'Écalgrain

Nez de Jobourg

**Cherbourg-
en-Cotentin**

Cap Lévi

St-Pierre-
Église

Pointe de
Barfleur

Barfleur

Beaumont-Hague

D 901

29

D 901

27

10

SP

D 901

D 22

D 24

N 13

D 650

21

D 24

D 902

Quettehou

St-Vaast-
la-Hou

D 37

21

D 56

D 15

Valognes

15

D 42

D 14

ey

St. Peter
Port

Icart
Point

Les Pieux

D 23

D 24

Bricquebec-
en-Cotentin

13

D 902

13

D 900

15

D 2

28

D 14

Montebourg

Ste-Mère-
Église

Isi
s-

Sark

D 650

Carteret

D 903

St-Sauveur-
le-Vicomte

15

D 900

55

27

Doux

34

D 913

N 13

Barneville-Carteret

D 15

19

D 650

Port-Bail

La Haye-du-Puits

D 903

24

Carentan

3

26

St-Jean-
de-Daye

Jersey

Jersey zoo

B 33

B 35

A 12

Jersey zoo
D 30

A 3

Gorey

28

10

D 900

Périers

D 971

19

50

D 8

St. Helier

Lessay

21

M A N C H E

St-Malo-de-la-Lande

D 650

D 68

St-Sauveur-
Lendelin

D 972

27

Car
Ro

Agon-
Coutainville

Coutances

D 73

SP

Cerisy-
la-Salle

D 38

37

Îles Chausey

Montmartin-
s-Mer

D 20

30

D 13

15

16 D 13

Hambye

D 7

Percy-
en-No

Bréhal

D 971

21 Gavray

D 9

Granville

D 924

7

St-Malo

Dinard

Fort la Latte

Cap Fréhel

Sables-d'Or-
les-Pins

rquy

St-Cast

D 34

Matignon

D 13

D 786

Paramé

St-Lunaire

St-Briac

St-Jacut

Rothéneuf

P^nte du
Grouin

Cancale

St-Pair-s-Mer

Jullouville

Carolles

La Haye-
Pesnel

D 61

25

D 7

Sartilly-
Baie-Bocage

Villedieu-les-Poêl
Rouffigny

20

D 7

37

38

Brécey

Ca
s-Se

17

See

St-Servan-sur-M.

A 22

SP

D 168

Ploubalay

Châteauneuf-
d'Ille-et-Vilaine

D 355

D 137

Le Vivier s-M.

Le Mont-St-Michel

D 911

Avranches

36

D 5

D 976

19

D 17

12

E 401

N 176

14

D 797

15

B

Pontaubault

Ducey
Les Chéris

28

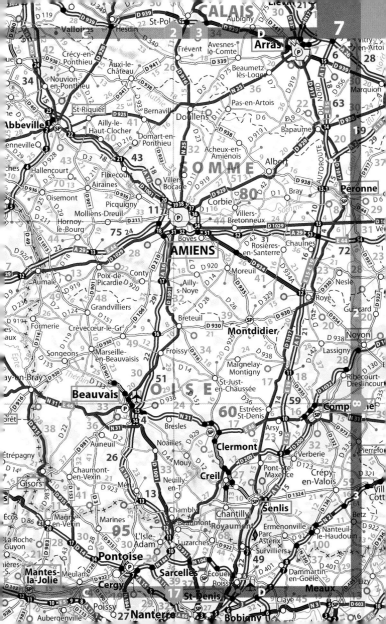

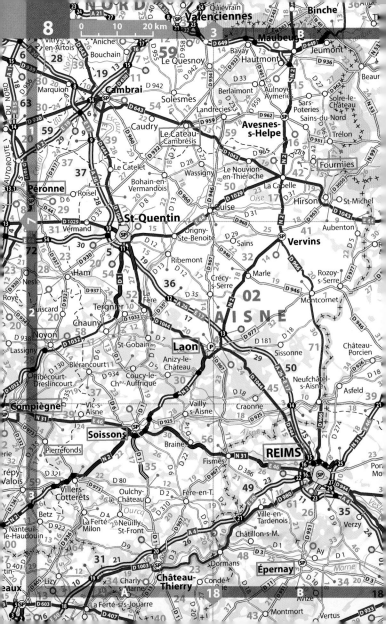

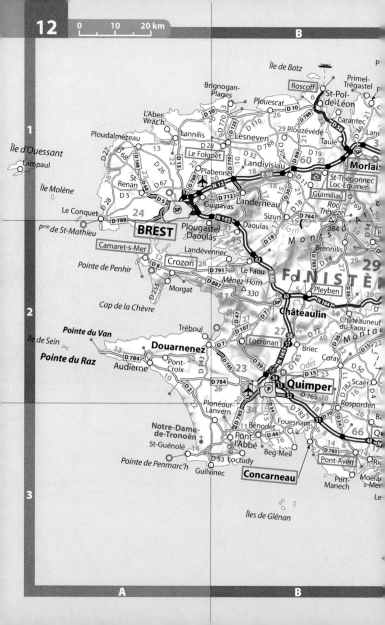

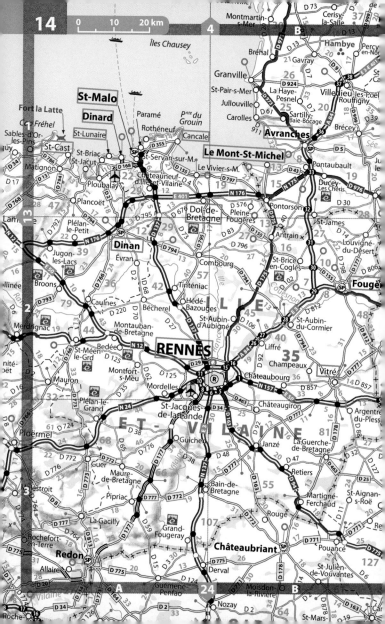

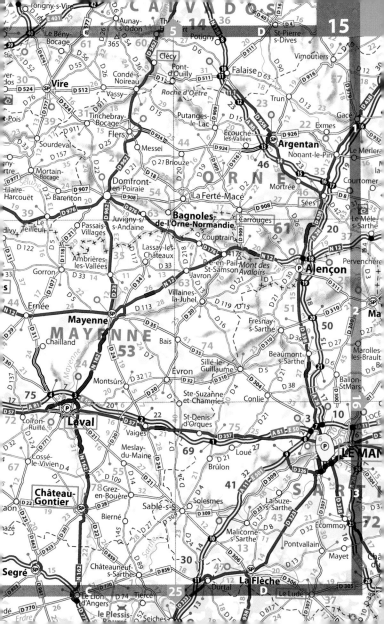

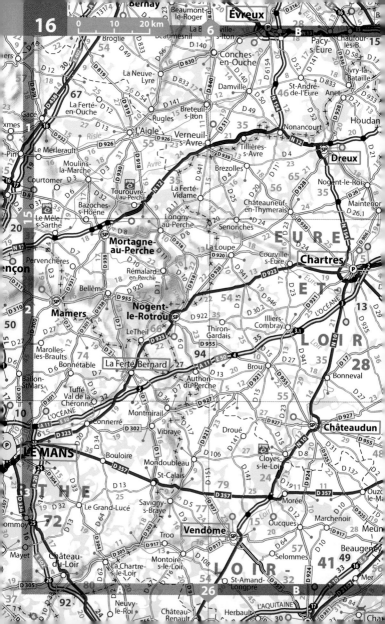

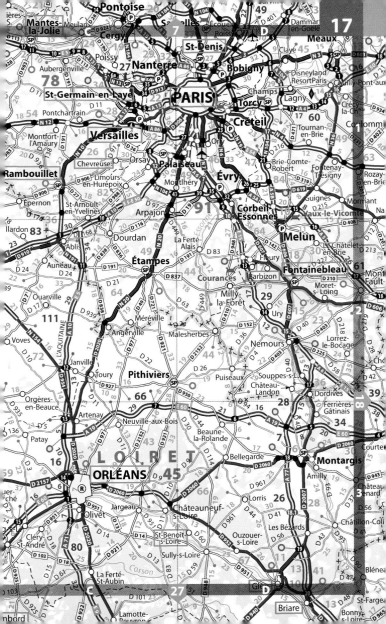

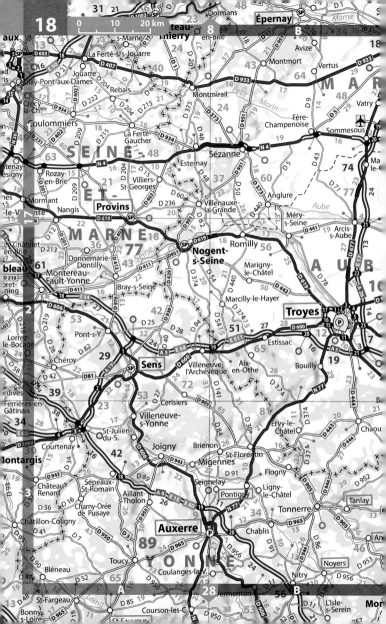

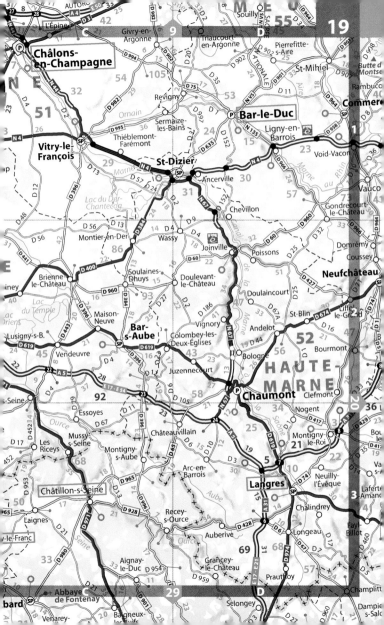

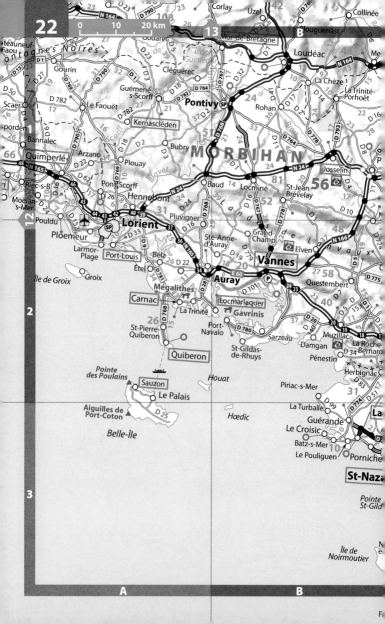

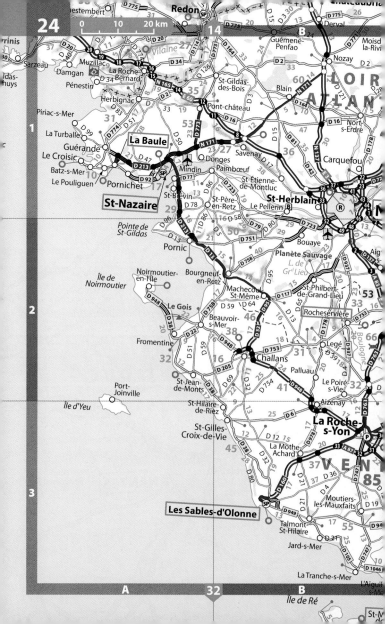

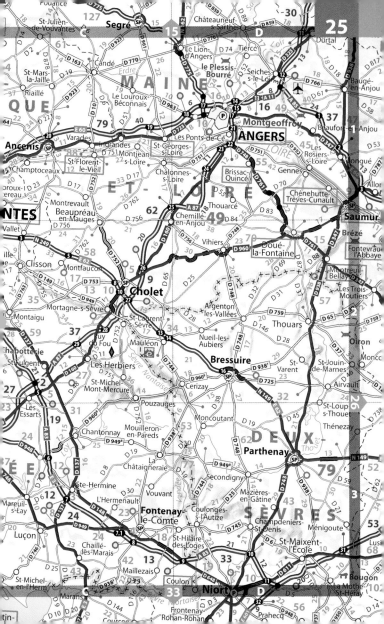

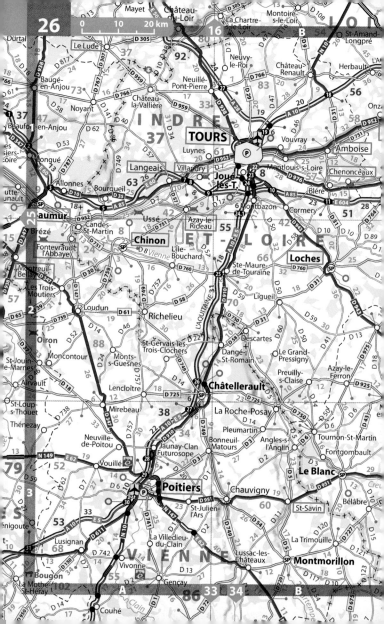

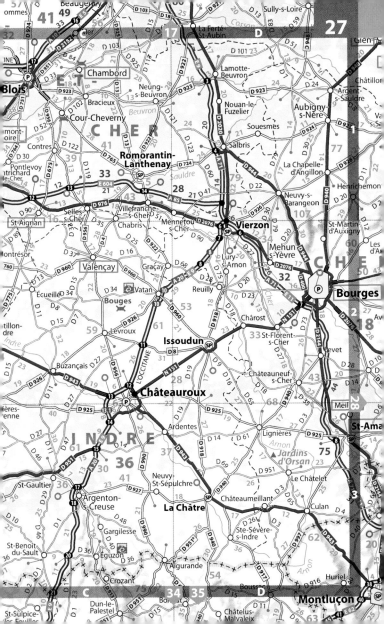

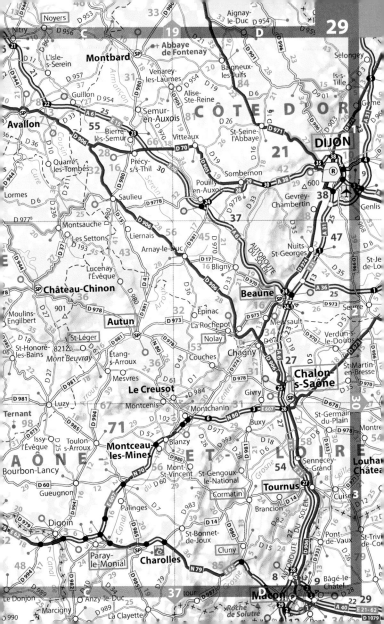

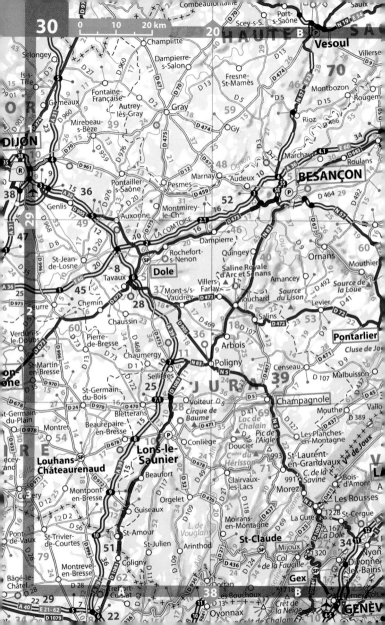

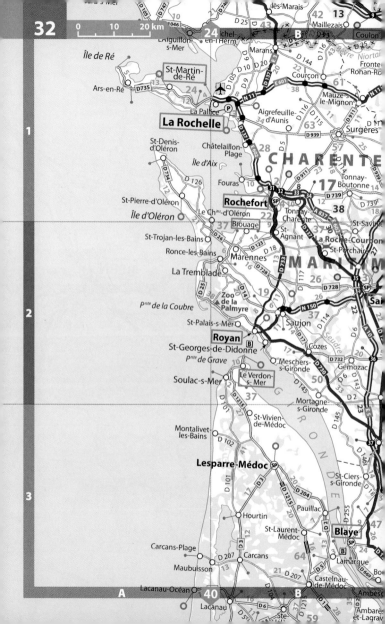

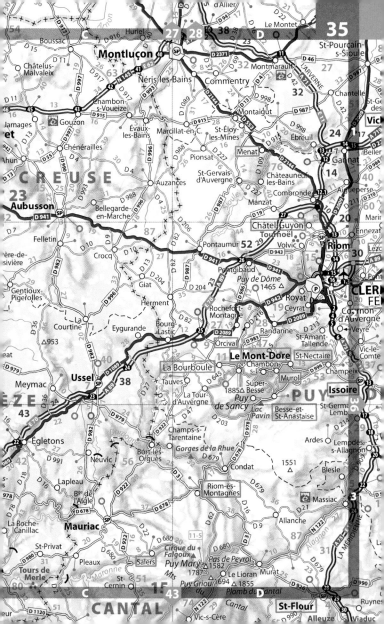

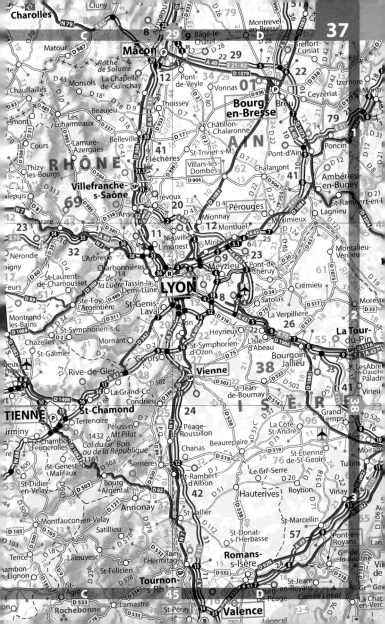

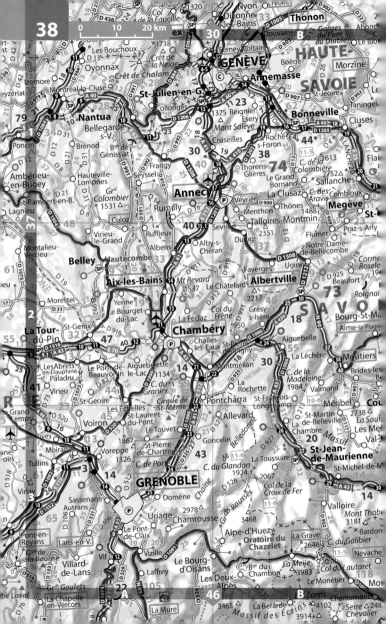

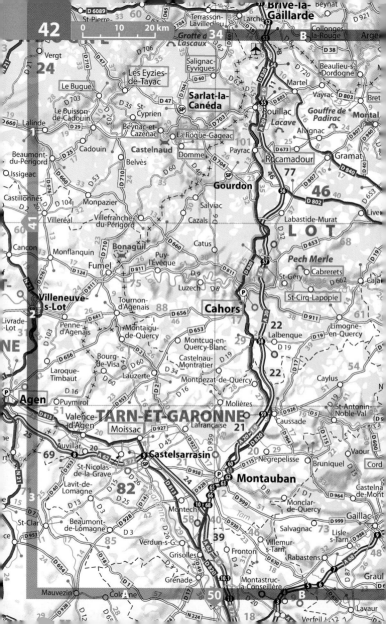

Brive-la-Gaillarde

St-Pierre- D 6089
Terrasson-Lavilledieu
Larche

60
Beynat
D 921
Collonges-la-Rouge
Arge

Vergt
24
Grotte de Lascaux
34
B

Les Eyzies-de-Tayac
Salignac-Eyvigues
Beaulieu-s-Dordogne

Le Bugue
D 706
D 710
D 47
D 703
Martel
Vayrac
D 803
Bret

Le Buisson-de-Cadouin
St-Cyprien
D 47
Sarlat-la-Canéda
SP
55
Souillac
Lacave
Gouffre de Padirac
Montal

Lalinde
D 29
Beynac-et-Cazenac
La Roque-Gageac
D 803
Alvignac

1
Castelnaud
Domme
Payrac
D 673
Gramat
D 807
D 940

Beaumont-du-Périgord
Cadouin
Belvès
D 60
Rocamadour
46
D 807
D 840

Issigeac
D 660
D 53
D 710
101
SP
77
D 802
D 653
Live

Castillonnès
D 104
Monpazier
Salviac
Labastide-Murat
L O T

Villeréal
Villefranche-du-Périgord
Cazals
D 32
D 653
68

60 41
Cancon
Monflanquin
D 710
Bonaguil
Catus
57
Pech Merle
Cabrerets
D 19

Fumel
D 124
Puy-l'Évêque
D 660
D 811
D 811
St-Géry
D 662
Caja

Villeneuve-s-Lot
2
D 911
Tournon-d'Agenais
88
Luzech
St-Cirq-Lapopie
D 911

Penne-d'Agenais
D 661
D 656
Montaigu-de-Quercy
Cahors
17
22
38
Limogne-en-Quercy

Livrade-Lot
D 103
D 656
Bourg-de-Visa
Lalbenque
58
D 19
54

Laroque-Timbaut
D 16
Lauzerte
Castelnau-Montratier
Montpezat-de-Quercy
22
Caylus

Agen
Puymirol
D 953
Molières
St-Antonin-Noble-Val

51
Valence-d'Agen
TARN-ET-GARONNE
Lafrançaise
21
Caussade
D 926
Vaour
Cord

69
Auvillar
20
A 62
Moissac
D 927
D 45
Négrepelisse
Bruniquel
Castelna-de-Mont

St-Nicolas-de-la-Grave
Castelsarrasin
SP
D 958
Montauban
D 999
Monclar-de-Quercy
D 964

82
Lavit-de-Lomagne
D 928
Montech
Montauban
Salvagnac
73
Lisle-s-Tarn

Beaumont-de-Lomagne
85
Verdun-s-G.
58
39
Villemur-s-Tarn
Rabastens
Gaillac

St-Clar
Grisolles
Fronton
D 630
48

Mauvezin
Cologne
50
Montastruc-la-Conseillère
B
Graul

N 224
18
Lavaur

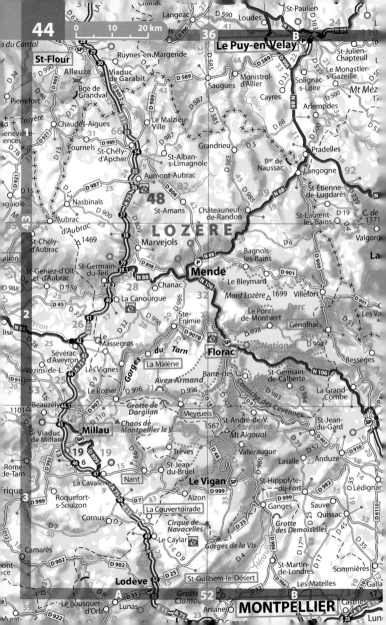

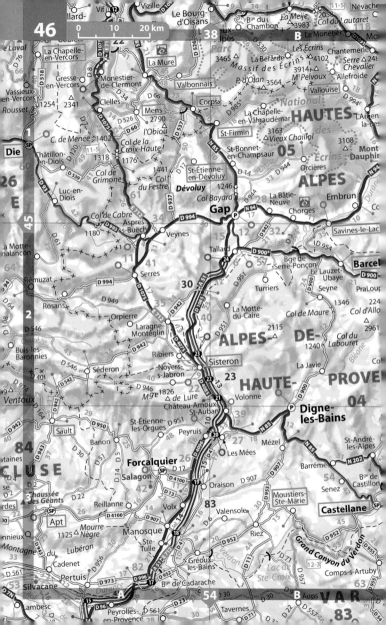

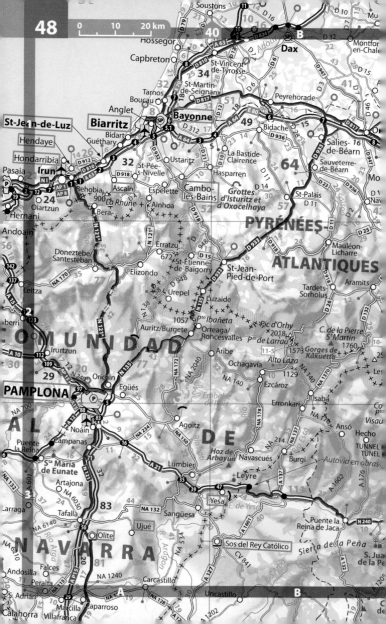

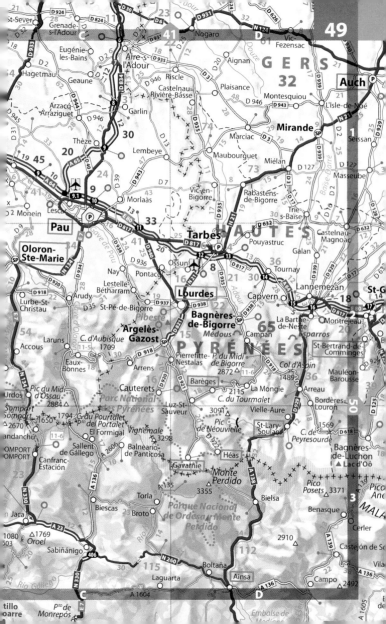

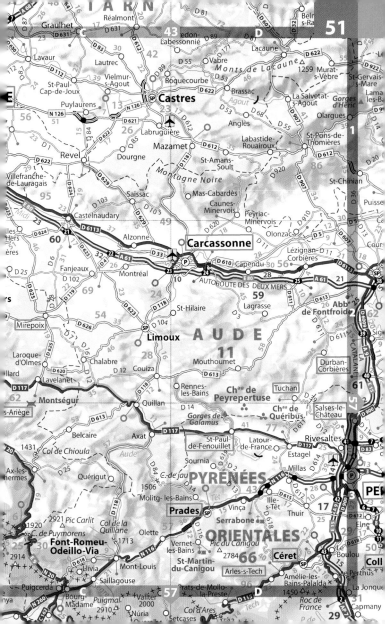

Millau

Les Vignes
Gorg...
La Malene
Barre-des
St-Germain-de-Calberte
N 106
La Grand-Combe

44

B

Beauzély
1101

Viaduc de Millau

Grotte de Dargilan
Chaos de Montpellier le V...
Meyrueis
St-André-de-V.
1567
Cévennes
Mt Aigoual
St-Jean-du-Gard

St-Rome-de-Tarn

19 19
6
47
15
Nant

Trèves
St-Jean-du-Bruel
Vallerauge
Lasalle
Anduze

La Cavalerie

Le Vigan
St-Hippolyte-du-Fort
D 982
St-Lédiq

Affrique

Roquefort-s-Soulzon
48

D 7 43
La Couvertoirade
Alzon

Cirque de Navacelles
Le Caylar
Gorges de la Vis
Ganges
D 999
13
Sauve
Quissac

Grotte des Demoiselles

Cornus

Camarès

D 902

Lodève
53
St-Guilhem-le-Désert

Grotte de Clamouse
Aniane
D 32
St-Martin-de-Londres
Les Matelles
Sommières

73
Castries

mont-ance
43

Le Bousquet-d'Orb
Lunas

MONTPELLIER
Gignac

St-Gervais-s-Mare
Bédarieux

Cirque de Mouvèze
57
A 750
52

HÉRAULT

17
La C...
Mo...

Lamalou-les-Bains

Gorges d'Héric
Olargues

Clermont-l'Hérault
34
53
30
Palavas-les-Flots
Carn...
Plag...

t-Pons-de-omières

Roquebrun
Montagnac
71
Frontignan

Murviel-lès-Béziers
Pézenas
59
La Languedocienne
Mèze
Balaruc-les-Bains

St-Chinian
Servian
61
Sète
Bassin de Thau

Béziers
63
64
34
Florensac
Marseillan

Puisserguier
Vias
Agde

Capestang
26
Le Cap-d'Agde

Coursan
33
Valras-Plage

Narbonne-Plage

Narbonne

Fontfroide
62
Gruissan

Étang de Bages-Sigean
Sigean
Port-la-Nouvelle

Durban-Corbières
61
40

Étang de Salses-Leucate

Salses-le-Château
Port-Leucat
Port-Barcarès

GOLFE

51

A

57

B

Lambesc
Peyrolles-en-Provence, 28
Rians
Gréoux-les-Bains
Comps-s-Artub
de Cadar **46**
Tavernes
Barjols
Cotignac
Salernes
Carcès
VAR
83
Aups
Lorgues
Les Arcs
AIX-EN-PROVENCE
Croix de Provence
St-Maximin-la-Ste-Baume
Le Thoronet
Vidauban
81
LA PROVENÇALE
Gardanne
Trets
36
Plan-d'Aups △ 1147
33
Brignoles **39**
Le Luc
Besse-s-Issole
31
Roquevaire
La Roquebrussanne
Aubagne
Gémenos
Saint-Pilon
Cuers
Collobrières
779 △
Chau d'If
SEILLE
Cassis
Le Beausset
△ 801
Sollies-Pont
La Crau
Ollioules
Bormes-les-Mimosas
Le Lavan
National
des Calanques
53
Parc
La Ciotat
Les Lecques
Bandol
Sanary-s-Mer
Six-Fours-les-Plages
46
La Seyne-s-M.
Carqueiranne
La Londe-les-Maures
Hyères
TOULON
St-Mandrier
Giens
La Tour-Fondue
Port-Cros
Cap Sicié
Porquerolles
Îles d'Hy
y-le-Rouet
Mitra les
ane
30
47
35
0   10   20 km
B
A
B
2
3

NICE
D

St-Vallier-
de-Thiey
St-Paul-
s-Loup
de-V.
St-Jean-Cap-Ferrat
Villefranche-s-Mer
Fayence
Callas
Grasse
Mougins
Mandelieu-
la-Napoule
Antibes
Cap d'Antibes
Juan-les-Pins
Lérins
Cannes
La Napoule
Théoule-
s-Mer
Golfe-Juan
Miramar
Esterel
Le Trayas
Fréjus
St-Raphaël
Agay
St-Aygulf
Les Issambres
Ste-Maxime
St-Tropez
Ramatuelle
Cap Camarat
Cavalaire-s-Mer
ayol-Canadel-s-Mer
e du Levant
de Port-Cros

Le Muy
Fréjus
88

Cap Corse
110
Rogliano
Pino
Luri
Nonza
1307
Erbalunga
St-Florent
Bastia
Col de Teghime
L'Île-
Rousse
to-Pietro-
di-Tenda
Oletta
Murato
Calvi
Belgodère
Muro
Calenzana
Vescovato
Ponte Leccia
2B
La Porta
HAUTE-
Morosaglia
1767
Monte Cinto
2706
Monte
San Petrone
Piedicroce
Cervione
Calacuccia
1724
Col de Verdio
4477
Corte
CORSE
Porto
Evisa
Monte
Rotondo
7622
Venaco
D 343
Vezzani
Piana
D 23
Soccia
Ghisoni
Aléria
Vico
Col de Vizzavona
1163
Cargèse
Vizzavona
Bocognano
San-d'Orcino
Mª Renoso
2352
Ghisonaccia
CORSE
Col de
Verde
Bastelica
DU
1289
Zicavo
Ajaccio
73
Iles
Sanguinaires
Sta-Maria-
Siché
Mª Incudine
2136
Solenzara
Petreto-
Bicchisano
1218
Aiguilles de Bavella
Col de Bavella
Aullene
Zonza
SUD
Filitosa
Olmeto
Levie
2A
Propriano
Ste-Lucie-
de-Taliano
Sartène
1340
Porto-Vecchio
63

Bonifacio

1/1 500 000

C
D

Arcipelago
dello Maddalena
J. Maddalena
La Maddalena
Parco Naz
Arcipela

	Amiens	Angers	Bayonne	Besançon	Bordeaux	Brest	Caen	Calais	Cherbourg-en-Cotentin	Clermont-Ferrand	Dijon	Grenoble	Le Havre	Lille	Limoges
Amiens															
Angers	421														
Bayonne	903	564													
Besançon	558	649	914												
Bordeaux	724	384	192	736											
Brest	628	378	831	962	633										
Caen	256	253	795	649	616	375									
Calais	160	512	1054	655	875	719	347								
Cherbourg-en-Cotentin	377	372	878	771	681	423	124	467							
Clermont-Ferrand	558	448	561	370	381	824	601	713	720						
Dijon	474	551	836	97	673	862	548	573	670	308					
Grenoble	709	727	823	315	686	1103	806	871	928	297	303				
Le Havre	185	330	872	611	692	469	96	275	218	574	512	769			
Lille	122	513	987	583	807	762	390	114	512	642	495	797	319		
Limoges	526	265	408	499	228	605	490	682	609	237	436	542	540	611	
Lyon	602	607	774	229	595	983	698	763	820	205	195	114	661	693	450
Le Mans	335	96	634	578	454	397	166	425	285	440	479	719	243	427	329
Marseille	913	908	698	541	648	1283	1010	1075	1132	477	507	309	973	1005	694
Metz	368	620	1093	268	919	917	571	467	693	569	262	564	543	367	723
Montpellier	885	775	532	526	482	1120	928	1041	1047	338	492	293	899	970	528
Mulhouse	554	774	1038	137	859	1028	714	697	836	493	222	436	676	597	621
Nancy	383	666	1084	209	905	897	586	482	708	515	208	509	557	419	642
Nantes	508	89	516	752	336	298	293	598	339	536	653	814	385	601	352
Nice	1077	1071	861	704	812	1447	1174	1239	1296	641	671	330	1136	1168	858
Orléans	269	245	647	418	467	591	321	425	443	300	319	576	283	354	269
Paris	135	297	771	415	591	594	234	297	357	426	316	573	197	226	395
Perpignan	982	754	498	676	448	1086	978	1137	1097	435	643	444	996	1066	494
Reims	174	431	905	380	725	728	382	273	505	535	292	594	348	203	529
Rennes	441	130	630	725	450	243	188	531	235	596	625	875	280	574	417
Rouen	124	299	841	546	661	501	128	214	251	509	447	704	91	257	478
St-Étienne	660	576	715	288	535	952	729	822	848	146	254	154	700	751	391
Strasbourg	524	775	1151	250	971	1072	726	623	849	606	335	531	698	523	733
Toulon	976	971	761	604	711	1347	1073	1138	1195	540	570	330	1036	1068	757
Toulouse	812	551	300	737	245	883	775	967	894	383	674	532	826	896	291
Tours	373	124	534	521	355	497	264	523	383	341	422	619	341	457	229

Distances

Les distances sont comptées à partir du centre-ville et par la route la plus pratique, c'est-à-dire celle qui offre les meilleures conditions de roulage, mais qui n'est pas nécessairement la plus courte.

Orléans ←→ Dijon =	319 km

	Lyon	Le Mans	Marseille	Metz	Montpellier	Mulhouse	Nancy	Nantes	Nice	Orléans	Paris	Perpignan	Reims	Rennes	Rouen	St-Étienne	Strasbourg	Toulon	Toulouse
Le Mans	569																		
Marseille	316	892																	
Metz	457	532	769																
Montpellier	300	760	168	753															
Mulhouse	381	643	696	233	683														
Nancy	403	505	715	56	700	178													
Nantes	694	186	972	706	806	864	720												
Nice	479	1056	213	932	332	686	881	1134											
Orléans	469	144	760	464	624	545	451	331	915										
Paris	466	209	778	333	750	481	347	384	934	134									
Perpignan	451	810	320	904	155	835	853	771	475	724	850								
Reims	488	343	800	192	786	381	206	518	955	268	145	935							
Rennes	776	161	1056	679	920	793	661	110	1211	353	357	886	490						
Rouen	597	211	910	481	833	615	495	385	1065	217	132	933	292	313					
St-Étienne	63	561	335	515	320	441	465	663	491	428	526	470	548	724	636				
Strasbourg	494	687	808	163	793	116	156	862	789	586	489	943	349	834	637	550			
Toulon	379	955	64	831	232	763	781	1034	150	823	842	382	864	1119	972	397	873		
Toulouse	539	607	407	935	243	864	885	568	208	813	684	762	419	684	762	419	973	470	
Tours	469	96	800	563	665	648	555	210	956	117	241	718	374	259	310	468	693	863	514

Localité ➝ Achmelvich .... 84 E9 ← Coordonnées de carroyage

Numéro de page

A

Abbeville.....................2 B 3
L'Aber-Wrac'h..............12 A 1
Ablis.........................17 C 2
Abondance..................31 C 3
Abreschviller...............21 C 1
Les Abrets-en-Dauphiné...38 A 2
Abriès......................47 C 1
Accous......................49 C 2
Acheux-en-Amiénois.......3 C 3
Agay.........................55 C 1
Agde........................52 A 3
Agen........................41 D 3
Agon-Coutainville..........4 B 3
Ahun........................35 C 1
L'Aigle......................16 A 1
Aignan......................49 D 1
Aignay-le-Duc..............19 D 3
Aigre.......................33 D 2
Aigrefeuille-d'Aunis.......32 B 1
Aigrefeuille-sur-Maine....23 D 3
Aiguebelette-le-Lac.......38 A 2
Aiguebelle.................38 B 2
Aigueperse.................36 A 1
Aigues-Mortes.............53 C 2
Aiguilles...................47 C 1
Aiguillon...................41 D 2
L'Aiguillon-sur-Mer........25 A 3
Aigurande..................27 C 3
Ailefroide..................46 B 1
Aillant-sur-Tholon.........18 A 3
Ailly-le-Haut-Clocher......2 B 3
Ailly-sur-Noye..............7 D 2
Aimargues..................53 C 2
Aime-la-Plagne............39 C 2
Ainhoa......................48 A 1
Airaines.....................2 B 3
Aire-sur-la-Lys..............3 C 2
Aire-sur-l'Adour...........49 C 1
Airvault....................25 C 2
Les Aix-d'Angillon.........28 A 2
Aix-en-Othe................18 B 2
Aix-en-Provence...........54 A 1
Aix-les-Bains...............38 A 2
Aixe-sur-Vienne............34 A 2
Aizenay....................24 A 3

Ajaccio.....................55 D 3
Alban.......................43 C 3
Albens......................38 A 2
Albert.......................3 C 3
Albertville..................38 B 2
Albestroff...................10 B 3
Albi.........................43 C 3
Alby-sur-Chéran............38 A 2
Alençon.....................15 D 2
Aléria......................55 D 2
Alès........................44 B 3
Alise-Ste-Reine.............29 D 1
Allaire.....................23 C 2
Allanche...................35 D 2
Allègre.....................36 B 3
Allevard...................38 B 3
Allonnes...................26 A 1
Allos.......................47 C 2
Alpe-d'Huez...............38 B 3
Altkirch....................21 C 3
Alvignac....................42 B 1
Alzon.......................44 A 3
Alzonne....................51 C 2
Amance....................20 A 3
Amancey...................30 B 2
Ambarès-et-Lagrave.......41 C 1
Ambazac...................34 B 1
Ambérieu-en-Bugey.......37 D 1
Ambert....................36 B 2
Ambès.....................41 C 1
Ambierle..................36 B 1
Amboise....................26 B 1
Ambrières-les-Vallées.....15 C 2
Amélie-les-Bains-Palalda..57 C 3
Amiens......................2 B 3
Amilly......................17 D 3
Amou.......................48 B 1
Amphion....................31 C 3
Amplepuis..................37 C 1
Ancenis....................23 D 3
Ancerville..................19 D 1
Ancy-le-Franc..............18 B 3
Andelot....................19 D 2
Les Andelys.................6 B 3
Andernos-les-Bains........40 B 1
Andrézieux-Bouthéon......37 C 2
Anduze....................44 B 3

Anet.........................16 B 1
Angers......................25 D 1
Angerville..................17 C 2
Anglès......................51 D 1
Angles-sur-l'Anglin........26 B 3
Anglet......................48 A 1
Anglure....................18 B 1
Angoulême.................33 D 2
Aniane......................52 B 2
Aniche.......................3 D 2
Anizy-le-Château...........8 A 2
Annecy.....................38 B 1
Annemasse.................38 B 1
Annonay....................37 C 2
Annot.......................47 C 3
Anse........................37 C 1
Antibes....................55 D 1
Antraigues.................45 C 1
Antrain....................14 B 2
Anzy-le-Duc................36 B 1
Apt.........................46 A 3
Aramits.....................48 B 2
Arbois......................30 B 2
L'Arbresle..................37 C 2
Arc-en-Barrois.............19 D 3
Arcachon...................40 A 1
Archiac....................33 C 2
Arcis-sur-Aube.............18 B 2
Les Arcs (Savoie)..........39 C 2
Les Arcs (Var).............55 C 1
Ardentes...................27 C 3
Ardes.......................36 A 3
Ardres......................2 B 1
Arès........................40 B 1
Argelès-Gazost.............49 D 2
Argelès-sur-Mer............57 D 3
Argent-sur-Sauldre........27 D 1
Argentan....................5 D 3
Argentat...................35 C 3
Argentière.................39 C 1
L'Argentière-la-Bessée.....46 B 1
Argenton-Château.........25 D 2
Argenton-sur-Creuse......27 C 3
Argentré-du-Plessis.......14 B 3
Argueil......................6 B 2
Arinthod...................30 A 3
Arlanc.....................36 B 3

Arlempdes ....44 **B 1**
Arles ....53 **C 2**
Arles-sur-Tech ....57 **C 3**
Armentières ....3 **C 2**
Arnac-Pompadour..........34 **B 3**
Arnay-le-Duc ....29 **D 2**
Arpajon ....17 **D 1**
Arques ....2 **B 2**
Arques-la-Bataille ....6 **B 2**
Arracourt ....20 **B 1**
Arras ....3 **C 3**
Arreau ....49 **D 2**
Arrens ....49 **C 2**
Arromanches ....5 **C 2**
Ars ....10 **A 3**
Ars-en-Ré ....32 **A 1**
Arsy ....7 **D 3**
Artenay ....17 **C 2**
Arudy ....49 **C 2**
Arzacq-Arraziguet........49 **C 1**
Arzano ....13 **C 3**
Ascain ....48 **A 1**
Asfeld ....8 **B 2**
Aspet....................50 **A 2**
Aspres-sur-Buëch........46 **A 2**
Astaffort ....41 **D 3**
Attigny ....9 **C 2**
Aubagne ....54 **A 1**
Aubenas ....45 **C 1**
Aubenton ....8 **B 2**
Aubergenville ....17 **C 1**
Auberive ....19 **D 3**
Aubeterre-sur-Dronne ...33 **D 3**
Aubigny ....3 **C 2**
Aubigny-sur-Nère ....27 **D 1**
Aubin ....43 **C 2**
Aubrac ....43 **D 2**
Aubusson ....35 **C 1**
Auch ....50 **A 1**
Audenge ....40 **B 1**
Audeux ....30 **B 1**
Audierne ....12 **A 2**
Audincourt ....31 **C 1**
Audruicq ....2 **B 1**
Audun-le-Roman ....10 **A 3**
Audun-le-Tiche ....10 **A 2**
Aullène ....55 **D 3**
Aulnay ....33 **C 1**
Aulnoye-Aymeries.........8 **B 1**
Ault ....2 **A 3**
Aulus-les-Bains ....50 **B 3**

Aumale....................7 **C 2**
Aumetz...................10 **A 2**
Aumont-Aubrac ....44 **A 1**
Aunay-sur-Odon...........5 **C 3**
Auneau-Bleury-
  St-Symphorien ....17 **C 2**
Auneuil ....7 **C 3**
Aups ....54 **B 1**
Auray....................13 **D 3**
Aurec-sur-Loire ....37 **C 3**
Aurignac ....50 **A 2**
Aurillac ....43 **C 1**
Auron ....47 **C 2**
Auros ....41 **C 2**
Auterive ....50 **B 1**
Authon-du-Perche ......16 **A 2**
Autrans ....38 **A 3**
Autrey-lès-Gray..........30 **A 1**
Autun ....29 **C 2**
Auvillar ....42 **A 3**
Auxerre..................18 **B 3**
Auxi-le-Château ....2 **B 3**
Auxonne ....30 **A 2**
Auzances ....35 **C 1**
Auzon ....36 **A 3**
Availles-Limouzine ....33 **D 1**
Avallon ....29 **C 1**
Avesnes-le-Comte ....3 **C 3**
Avesnes-sur-Helpe........8 **B 1**
Avignon ....45 **D 3**
Avioth ....9 **D 2**
Avize....................18 **B 1**
Avord ....28 **A 2**
Avoriaz ....39 **C 1**
Avranches ....4 **B 3**
Ax-les-Thermes ....51 **C 3**
Axat ....51 **C 3**
Ay-Champagne............8 **B 3**
Azay-le-Ferron ....26 **B 2**
Azay-le-Rideau ....26 **A 1**

B

Baccarat.................20 **B 2**
Bacqueville-en-Caux ....6 **B 2**
Badonviller ....21 **C 1**
Bâgé-le-Châtel ....37 **D 1**
Bagnères-de-Bigorre .....49 **D 2**
Bagnères-de-Luchon .....50 **A 3**
Bagnoles-de-l'Orne.......15 **D 2**
Bagnols-les-Bains..........44 **B 2**
Bagnols-sur-Cèze..........45 **C 3**

Baignes-Sainte-Radegonde.33 **C 3**
Baigneux-les-Juifs ....29 **D 1**
Bailleul ....3 **C 2**
Bain-de-Bretagne ....14 **B 3**
Bains-les-Bains ....20 **B 3**
Bais.....................15 **D 2**
Balaruc-les-Bains ....52 **B 2**
Balbigny.................37 **C 2**
Balleroy-sur-Drôme.......5 **C 2**
Ballon-Saint Mars..........15 **D 2**
Bandol ....54 **A 2**
Bannalec ....12 **B 3**
Banon ....46 **A 3**
Banyuls-sur-Mer ....57 **D 3**
Bapaume ....3 **C 3**
Bar-le-Duc...............19 **D 1**
Bar-sur-Aube ....19 **C 2**
Le Bar-sur-Loup...........47 **C 3**
Bar-sur-Seine ....19 **C 2**
Baraqueville ....43 **C 2**
Barbazan ....50 **A 2**
Barbezieux-Saint-Hilaire ...33 **C 3**
Barbizon ....17 **D 2**
Barbotan-les-Thermes......41 **C 2**
Barcelonnette ....47 **C 2**
Barèges ....49 **D 2**
Barentin ....6 **B 2**
Barenton ....15 **C 1**
Barfleur ....4 **B 1**
Barjac ....45 **C 2**
Barjols..................54 **B 1**
Barneville-Carteret ....4 **B 1**
Barr ....21 **C 2**
Barre-des-Cévennes ......44 **B 2**
Barrême ....46 **B 3**
La Barthe-de-Neste.......49 **D 2**
Bas-en-Basset ....36 **B 3**
La Bassée ....3 **C 2**
Bassens..................41 **C 1**
Bastelica.................55 **D 3**
Bastia ....55 **D 1**
La Bastide-Clairence......48 **B 1**
La Bastide-de-Sérou.......50 **B 2**
La Bâtie-Neuve ....46 **B 1**
Batz-sur-Mer.............22 **B 3**
Baud ....13 **D 3**
Baugé-en-Anjou..........25 **D 1**
Baugy ....28 **A 2**
La Baule ....22 **B 3**
Baume-les-Dames.........31 **C 1**
Les Baux-de-Provence ....53 **D 2**

A
B
C
D
E
F
G
H
I
J
K
L
M
N
O
P
Q
R
S
T
U
V
W
X
Y
Z

A

B

C

D

E

F

G

H

I

J

K

L

M

N

O

P

Q

R

S

T

U

V

W

X

Y

Z

Bavay....................**8 B 1**	Belleville ....**37 C 1**	Blanquefort ....**40 B 1**
Bayeux ....**5 C 2**	Belley ....**38 A 2**	Blanzac....................**33 D 3**
Bayon....................**20 B 2**	Belmont ....**37 C 1**	Blanzy.....................**29 D 3**
Bayonne..................**48 A 1**	Belmont-sur-Rance ....**43 D 3**	Blaye......................**32 B 3**
Bazas.....................**41 C 2**	Belpech ....**51 C 2**	Bléneau ....**18 A 3**
Bazoches-sur-Hoëne....**16 A 2**	Belvès ....**42 A 1**	Blénod ....**20 A 1**
Beaucaire.................**45 C 3**	Belz ....**13 C 3**	Blérancourt...............**8 A 2**
Beaufort (Jura)............**30 A 3**	Bénévent-l'Abbaye ....**34 B 1**	Bléré......................**26 B 1**
Beaufort (Savoie) ....**38 B 2**	Benfeld....................**21 D 2**	Blesle......................**36 A 3**
Beaufort-en-Vallée ....**25 D 1**	Bénodet...................**12 B 3**	Bletterans ....**30 A 3**
Beaugency................**17 C 3**	Le Bény-Bocage ....**5 C 3**	Le Bleymard ....**44 B 2**
Beaujeu ....**37 C 1**	La Bérarde................**46 B 1**	Bligny.....................**29 D 2**
Beaulieu..................**47 D 3**	Berck-Plage................**2 A 2**	Blois......................**27 C 1**
Beaulieu-sur-Dordogne....**42 B 1**	Bergerac ....**41 D 1**	Blonville-sur-Mer ....**5 D 2**
Beaumesnil...............**6 A 3**	Bergues ....**3 C 1**	Bobigny...................**17 D 1**
Beaumetz-lès-Loges.......**3 C 3**	Berlaimont ....**8 B 1**	Bocognano................**55 D 2**
Beaumont.................**7 D 3**	Bernaville ....**2 B 3**	Boëge.....................**38 B 1**
Beaumont-de-Lomagne ...**42 A 3**	Bernay.....................**6 A 3**	Boën-sur-Lignon ....**36 B 2**
Beaumont-du-Périgord....**42 A 1**	Berre-l'Étang ....**53 D 2**	Bohain-en-Vermandois ....**3 D 3**
Beaumont-Hague ....**4 A 1**	Besançon..................**30 B 1**	Bois-d'Amont..............**30 B 3**
Beaumont-le-Roger ....**6 A 3**	Besse-et-Saint-Anastaise...**35 D 3**	Bolbec....................**6 A 2**
Beaumont-sur-Sarthe.....**15 D 2**	Besse-sur-Issole ....**54 B 1**	Bollène...................**45 D 2**
Beaune...................**29 D 2**	Bessèges..................**44 B 2**	Bologne...................**19 D 2**
Beaune-la-Rolande ....**17 D 3**	Bessines-sur-Gartempe....**34 B 1**	Bonifacio ....**55 D 3**
Beaupréau-en-Mauges ...**25 C 2**	Béthune ....**3 C 2**	Bonnat....................**34 B 1**
Beaurepaire ....**37 C 3**	Betz ....**8 A 3**	Bonnétable................**16 A 2**
Beaurepaire-en-Bresse ....**30 A 3**	Beuil......................**47 C 2**	Bonneuil-Matours ....**26 B 3**
Le Beausset..............**54 A 2**	Beuzeville ....**6 A 3**	Bonneval..................**16 B 2**
Beauvais...................**7 C 3**	Beynac-et-Cazenac ....**42 A 1**	Bonneval-sur-Arc ....**39 C 3**
Beauvoir-sur-Mer ....**24 A 2**	Beynat....................**34 B 3**	Bonneville.................**38 B 1**
Beauvoir-sur-Niort........**33 C 1**	Les Bézards...............**17 D 3**	La Bonneville-sur-Iton ......**16 B 1**
Le Bec-Hellouin...........**6 A 3**	Béziers....................**52 A 3**	Bonnières-sur-Seine ....**7 C 3**
Bécherel..................**14 A 2**	Biarritz....................**48 A 1**	Bonnieux..................**53 D 1**
Bédarieux.................**52 A 2**	Bidache ....**48 B 1**	Bonny-sur-Loire ....**28 A 1**
Beg-Meil..................**12 B 3**	Bidart ....**48 A 1**	Boos.......................**6 B 3**
Bégard ....**13 C 1**	Bierné ....**15 C 3**	Bordeaux.................**40 B 1**
La Bégude-de-Mazenc....**45 D 2**	Bierre-lès-Semur...........**29 C 1**	Bordères-Louron ....**49 D 3**
Bélâbre...................**26 B 3**	Billom.....................**36 A 2**	Le Boréon ....**47 D 2**
Belcaire...................**51 C 3**	Binic.......................**13 D 1**	Bormes-les-Mimosas .....**54 B 2**
Belfort....................**21 C 3**	Le Biot....................**38 B 1**	Bort-les-Orgues ....**35 C 3**
Belgodère.................**55 D 2**	Biscarrosse ....**40 A 2**	Bouaye....................**23 C 3**
Belin......................**40 B 2**	Biscarrosse-Plage..........**40 A 2**	Boucau...................**48 A 1**
Bellac.....................**34 A 1**	Bischwiller.................**21 D 1**	Bouchain..................**3 D 3**
Belle-Isle-en-Terre..........**13 C 1**	Bitche ....**11 C 3**	Les Bouchoux ....**38 A 1**
Bellegarde (Gard)..........**53 C 2**	Blagnac...................**50 B 1**	Bouilly.....................**18 B 2**
Bellegarde (Loiret)..........**17 D 3**	Blain......................**23 C 2**	Boulay-Moselle............**10 B 3**
Bellegarde-en-Marche.....**35 C 1**	Blainville..................**20 B 1**	Boulogne-sur-Gesse........**50 A 2**
Bellegarde-sur-Valserine...**38 A 1**	Blâmont...................**20 B 1**	Boulogne-sur-Mer ....**2 A 2**
Bellême...................**16 A 2**	Le Blanc...................**26 B 3**	Bouloire...................**16 A 3**
Bellencombre ....**6 B 2**	Blangy-le-Château..........**6 A 3**	Le Boulou.................**57 C 3**
Bellerive-sur-Allier.........**36 A 1**	Blangy-sur-Bresle...........**2 A 3**	Bourbon-Lancy.............**29 C 3**

Bourbon-l'Archambault.....**28 A 3**
Bourbonne-les-Bains.......**20 A 3**
La Bourboule..............**35 D 2**
Bourbourg.................**2 B 1**
Bourbriac.................**13 C 1**
Bourdeaux.................**45 D 2**
Bourdeilles...............**33 D 3**
Bourg.....................**32 B 3**
Bourg-Achard..............**6 A 3**
Bourg-Argental............**37 C 3**
Bourg-de-Péage............**37 D 3**
Bourg-de-Visa.............**42 A 2**
Le Bourg-d'Oisans.........**38 B 3**
Bourg-en-Bresse...........**37 D 1**
Bourg-Lastic..............**35 D 2**
Bourg-Madame..............**56 B 3**
Bourg-Saint-Andéol........**45 C 2**
Bourg-Saint-Maurice.......**39 C 2**
Bourganeuf................**34 B 2**
Bourges...................**27 D 2**
Le Bourget-du-Lac.........**38 A 2**
Bourgneuf-en-Retz.........**23 C 3**
Bourgoin-Jallieu..........**37 D 2**
Bourgueil.................**26 A 1**
Bourmont..................**20 A 2**
Le Bousquet-d'Orb.........**52 A 2**
Boussac...................**35 C 1**
Boussens..................**50 A 2**
Bouxwiller................**21 C 1**
Bouzonville...............**10 B 3**
Boves.....................**7 D 2**
Bozel.....................**39 C 2**
Bozouls...................**43 D 2**
Bracieux..................**27 C 1**
Braine....................**8 A 3**
Brancion..................**29 D 3**
Branne....................**41 C 1**
Brantôme-en-Périgord......**33 D 3**
Brassac...................**51 D 1**
Brassac-les-Mines.........**36 A 3**
Bray......................**3 C 3**
Bray-Dunes................**3 C 1**
Bray-sur-Seine............**18 A 2**
Brécey....................**4 B 3**
La Brède..................**41 C 1**
Bréhal....................**4 B 3**
Breil-sur-Roya............**47 D 3**
Brennilis.................**12 B 2**
Brénod....................**38 A 1**
Bresles...................**7 D 3**
La Bresse.................**21 C 3**

Bressuire.................**25 D 2**
Brest.....................**12 A 2**
Bretenoux.................**42 B 1**
Breteuil-sur-Iton (Eure)..**16 B 1**
Breteuil (Oise)...........**7 D 2**
Brezolles.................**16 B 1**
Briançon..................**47 C 1**
Briare....................**28 A 1**
Bricquebec-en-Cotentin....**4 B 2**
Brides-les-Bains..........**38 B 2**
Brie-Comte-Robert.........**17 D 1**
Briec.....................**12 B 2**
Brienne-le-Château........**19 C 2**
Brienon...................**18 B 3**
Briey.....................**10 A 3**
Brignogan-Plages..........**12 B 1**
Brignoles.................**54 B 1**
Brinon-sur-Beuvron........**28 A 3**
Brionne...................**6 A 3**
Brioude...................**36 A 3**
Brioux-sur-Boutonne.......**33 C 1**
Briouze...................**15 D 1**
Brissac-Quincé............**25 D 1**
Brive-la-Gaillarde........**34 B 3**
Broglie...................**6 A 3**
Broons....................**14 A 2**
Brossac...................**33 C 3**
Brouage...................**32 B 2**
Bruay-la-Buissière........**3 C 2**
Bruay-sur-l'Escaut........**3 D 2**
Brûlon....................**15 D 3**
Brumath...................**21 D 1**
Bruniquel.................**42 B 3**
Bruyères..................**20 B 2**
Bubry.....................**13 C 3**
Bugeat....................**35 C 2**
Le Bugue..................**42 A 1**
Buis-les-Baronnies........**45 D 2**
Le Buisson-
   de-Cadouin.............**42 A 1**
Bulgnéville...............**20 A 2**
Bully.....................**3 C 2**
Burie.....................**33 C 2**
Bussang...................**21 C 3**
Bussière-Badil............**33 D 2**
Buxy......................**29 D 3**
Buzançais.................**27 C 2**
Buzancy...................**9 D 3**

C

Les Cabannes..............**51 C 3**
Cabourg...................**5 D 2**
Cabrerets.................**42 B 2**
Cadenet...................**46 A 3**
Cadillac..................**41 C 1**
Cadouin...................**42 A 1**
Caen......................**5 D 2**
Cagnes-sur-Mer............**47 D 3**
Cahors....................**42 B 2**
Cajarc....................**42 B 2**
Calacuccia................**55 D 2**
Calais....................**2 B 1**
Calenzana.................**55 D 2**
Callac....................**13 C 2**
Callas....................**55 C 1**
Calvi.....................**55 D 2**
Camarès...................**43 D 3**
Camaret-sur-Mer...........**12 A 2**
Cambo-les-Bains...........**48 A 1**
Cambrai...................**3 D 3**
Cambremer.................**5 D 2**
Campagne-lès-Hesdin.......**2 B 2**
Campan....................**49 D 2**
Cancale...................**4 A 3**
Cancon....................**41 D 2**
Candé.....................**25 C 1**
Candes-Saint-Martin.......**26 A 2**
Canet-Plage...............**57 D 2**
Canisy....................**4 B 3**
Cannes....................**55 C 1**
La Canourgue..............**44 A 2**
Cany-Barville.............**6 A 2**
Le Cap-d'Agde.............**52 B 3**
Cap Ferret................**40 A 1**
Capbreton.................**48 A 1**
Capdenac-Gare.............**43 C 2**
La Capelle................**8 B 1**
Capendu...................**51 D 2**
Capestang.................**52 A 3**
Captieux..................**41 C 2**
Capvern...................**49 D 2**
Caraman...................**51 C 1**
Carantec..................**12 B 1**
Carbon-Blanc..............**41 C 1**
Carbonne..................**50 B 2**
Carcans...................**32 B 3**
Carcans-Plage.............**32 A 3**
Carcassonne...............**51 D 2**
Carcès....................**54 B 1**

A B C D E F G H I J K L M N O P Q R S T U V W X Y Z

Carentan-les-Marais ....4 B 2
Cargèse ....55 C 2
Carhaix-Plouguer........13 C 2
Carignan ....9 D 2
Carling ....10 B 3
Carmaux ....43 C 3
Carnac....................22 A 2
Carnon-Plage............52 B 2
Carolles ....4 B 3
Carpentras ....45 D 2
Carquefou................23 D 3
Carqueiranne............54 B 2
Carro ....53 D 2
Carrouges ....15 D 1
Carry-le-Rouet..........53 D 2
Carteret ....4 B 2
Carvin ....3 C 2
Cassagnes-Bégonhès....43 D 3
Cassel ....3 C 1
Cassis ....54 A 2
Castanet-Tolosan ......50 B 1
Casteljaloux.............41 D 2
Castellane................47 C 3
Castelmoron-sur-Lot ...41 D 2
Castelnau-de-Médoc ...40 B 1
Castelnau-de-Montmiral ...42 B 3
Castelnau-Magnoac....50 A 2
Castelnau-Montratier.....42 B 2
Castelnau-Rivière-Basse ...49 D 1
Castelnaudary............51 C 2
Castelsarrasin ....42 A 3
Castets ....40 A 3
Castillon-en-Couserans ...50 A 2
Castillon-la-Bataille......41 C 1
Castillonnès ....41 D 1
Castres ....51 C 1
Castries..................52 B 2
Le Cateau................3 D 3
Le Catelet ....3 D 3
Cattenom ....10 A 2
Catus ....42 B 2
Caudebec-en-Caux......6 A 2
Caudry ....3 D 3
Caulnes ....14 A 2
Caumont-l'Éventé ......5 C 3
Caunes-Minervois ......51 D 2
Caussade.................42 B 3
Cauterets................49 D 3
Cavaillon ....45 D 3
Cavalaire-sur-Mer......55 C 2
La Cavalerie ....44 A 3

Cavalière ....54 B 2
Cayeux-sur-Mer...........2 A 3
Le Caylar ....44 A 3
Caylus ....42 B 2
Cayres ....44 B 1
Cazals ....42 A 1
Cazaubon ....41 C 3
Cazaux ....40 A 2
Cazères..................50 A 2
Celles-sur-Belle..........33 C 1
Censeau...................30 B 2
Cerbère ....57 D 3
Céret ....51 D 3
Cergy........................7 C 3
Cérilly.....................28 A 3
Cerisiers ....18 A 3
Cerisy-la-Salle ....4 B 3
Cerizay ....25 D 2
Cernay ....21 C 3
Cervione ....55 D 2
Ceyrat....................35 D 2
Ceyzériat ....37 D 1
Chabanais...............34 A 2
Chabeuil ....45 D 1
Chablis ....18 B 3
Chabris ....27 C 2
Chagny...................29 D 2
Chailland.................15 C 3
Chaillé-les-Marais .....25 C 3
La Chaise-Dieu ....36 B 3
Chalabre ....51 C 2
Chalais ....33 D 1
Chalamont ....37 D 1
Chalampé ....21 D 3
Chalindrey................19 D 3
Challans ....24 B 2
Challes-les-Eaux........38 A 2
Chalon-sur-Saône ......29 D 2
Chalonnes-sur-Loire .....25 D 1
Châlons-en-Champagne ...19 C 1
Châlus....................34 A 2
Chambéry................38 A 2
Chambley ....10 A 3
Chambly ....7 D 3
Le Chambon-Feugerolles...37 C 3
Chambon-sur-Lac .....35 D 2
Le Chambon-sur-Lignon...37 C 3
Chambon-sur-Voueize...35 C 1
Chambord................27 C 2
La Chambre ....38 B 3
Chamonix-Mont-Blanc......39 C 1

Champagnac-de-Belair....33 D 3
Champagne-Mouton .....33 D 1
Champagnole ....30 B 3
Champdeniers-Saint-Denis .25 D 3
Champeaux ....14 B 2
Champeix ....36 A 2
Champlitte................30 A 1
Champs-sur-Tarentaine....35 C 2
Champtoceaux ....23 D 3
Chamrousse..............38 A 3
Chanac...................44 A 2
Chanas...................37 D 3
Chantelle.................36 A 1
Chantemerle ....46 B 1
Chantilly....................7 D 3
Chantonnay ....25 C 3
Chaource..................18 B 3
La Chapelle-d'Angillon ....27 D 1
La Chapelle-de-Guinchay...37 C 1
La Chapelle-
  en-Valgaudémar ....46 B 1
La Chapelle-en-Vercors.....46 A 1
Charbonnières.............37 C 2
Charenton-du-Cher .....28 A 3
La Charité-sur-Loire.....28 A 2
Charleville-Mézières.........9 C 2
Charlieu ....36 B 1
Charly-sur-Marne ......18 A 1
Charmes...................20 B 2
Charny-Orée-de-Puisaye ...18 A 3
Charny-sur-Meuse ....9 D 3
Charolles ....29 C 3
Chârost ....27 D 2
Charquemont ....31 C 1
Charroux ....33 D 1
La Chartre-sur-le-Loir ...16 A 3
Chartres...................16 B 2
Chasseneuil-sur-Bonnieure .33 D 2
La Châtaigneraie ....25 D 3
Château-Arnoux-
  Saint-Auban...............46 B 3
Château-Chinon ....29 C 2
Le Château-d'Oléron ......32 B 2
Château-du-Loir........16 A 3
Château-Gontier........15 C 3
Château-la-Vallière......26 A 1
Château-Landon ....17 D 3
Château-Porcien..........8 B 2
Château-Queyras.......47 C 1
Château-Regnault........9 C 2
Château-Renard.........18 A 3

A
B
C
D
E
F
G
H
I
J
K
L
M
N
O
P
Q
R
S
T
U
V
W
X
Y
Z

Château-Renault	26 B 1	
Château-Salins	20 B 1	
Château-Thierry	8 A 3	
Châteaubourg	14 B 2	
Châteaubriant	14 B 3	
Châteaudun	16 B 3	
Châteaugiron	14 B 3	
Châteaulin	12 B 2	
Châteaumeillant	27 D 3	
Châteauneuf-de-Randon	44 B 1	
Châteauneuf-d'Ille-et-Vilaine	14 A 1	
Châteauneuf-du-Faou	12 B 2	
Châteauneuf-du-Pape	45 D 3	
Châteauneuf-en-Thymerais	16 B 2	
Châteauneuf-la-Forêt	34 B 2	
Châteauneuf-les-Bains	35 D 1	
Châteauneuf-sur-Charente	33 C 2	
Châteauneuf-sur-Cher	27 D 2	
Châteauneuf-sur-Loire	17 D 3	
Châteauneuf-sur-Sarthe	15 C 3	
Châteauponsac	34 A 1	
Châteaurenard	45 D 3	
Châteauroux	27 C 2	
Châteauvillain	19 D 3	
Châtel	31 C 3	
Châtel-Guyon	35 D 2	
Châtel-Montagne	36 B 1	
Châtel-sur-Moselle	20 B 2	
Châtelaillon-Plage	32 B 1	
Le Châtelard	38 B 1	
Châtelaudren	13 D 1	
Châteldon	36 A 1	
Le Châtelet	27 D 3	
Le Châtelet-en-Brie	17 D 2	
Châtellerault	26 A 2	
Châtelus-Malvaleix	35 C 1	
Châtenois	20 A 2	
Châtillon-Coligny	17 D 3	
Châtillon-en-Bazois	28 B 2	
Châtillon-en-Diois	46 A 1	
Châtillon-sur-Chalaronne	37 D 1	
Châtillon-sur-Indre	26 B 2	
Châtillon-sur-Loire	28 A 1	
Châtillon-sur-Marne	8 B 3	
Châtillon-sur-Seine	19 C 3	
La Châtre	27 D 3	
Chaudes-Aigues	43 D 1	
Chauffailles	37 C 1	
Chaufour-lès-Bonnières	16 B 1	
Chaulnes	7 D 2	
Chaumergy	30 A 2	
Chaumont	19 D 3	
Chaumont-en-Vexin	7 C 3	
Chaumont-sur-Loire	26 B 1	
Chauny	8 A 2	
Chaussin	30 A 2	
Chauvigny	26 B 3	
Chazelles	37 C 2	
Chef-Boutonne	33 C 1	
Chemillé-en-Anjou	25 D 2	
Chemin	30 A 2	
Chênehutte-Trèves-Cunault	25 D 1	
Chénérailles	35 C 1	
Chenonceaux	26 B 1	
Chéroy	18 A 2	
Le Chesne	9 C 1	
Chevagnes	28 B 3	
Chevillon	19 D 2	
Chevreuse	17 C 1	
Le Cheylard	45 C 1	
La Chèze	13 D 2	
Chinon	26 A 2	
Chorges	46 B 2	
Cintegabelle	50 B 2	
La Ciotat	54 A 2	
Cirey-sur-Vezouze	21 C 1	
Civray	33 C 2	
Clairvaux-les-Lacs	30 B 3	
Clamecy	28 B 1	
Claye	17 D 1	
La Clayette	37 C 1	
Clécy	5 C 3	
Clefmont	19 D 2	
Cléguérec	13 D 2	
Clelles	46 A 1	
Clères	6 B 2	
Clermont	7 D 3	
Clermont-en-Argonne	9 D 1	
Clermont-Ferrand	35 D 2	
Clermont-l'Hérault	52 A 2	
Clerval	31 C 1	
Cléry-Saint-André	17 C 3	
Clisson	23 D 3	
Cloyes-sur-le-Loir	16 B 3	
Cluny	29 D 3	
La Clusaz	38 B 1	
Cluses	38 B 1	
Cognac	33 C 2	
Cogolin	55 C 1	
Coligny	30 A 3	
Collinée	13 D 2	
Collioure	57 D 3	
Collobrières	54 B 2	
Collonges	38 A 1	
Collonges-la-Rouge	42 B 1	
Colmar	21 C 2	
Colmars	47 C 2	
Cologne	50 A 1	
Colombey-les-Belles	20 A 1	
Colombey-les-Deux-Églises	19 D 2	
Combeaufontaine	20 A 3	
Combloux	38 B 1	
Combourg	14 A 2	
Combronde	35 D 1	
Comines	3 D 1	
Commentry	35 D 1	
Commercy	19 D 1	
Compiègne	7 D 3	
Comps-sur-Artuby	47 C 3	
Concarneau	12 B 3	
Conches-en-Ouche	16 B 1	
Condat	35 D 3	
Condé-en-Normandie	3 D 2	
Condé-en-Brie	8 A 3	
Condé-sur-Noireau	5 C 3	
Condom	41 D 3	
Condrieu	37 D 3	
Conflans-en-Jarnisy	10 A 3	
Confolens	D 1	
Conlie	15 D 3	
Conliège	30 A 3	
Connerré	16 A 3	
Conques-en-Rouergue	43 C 2	
Le Conquet	12 A 2	
Les Contamines-Montjoie	39 C 2	
Contres	27 C 1	
Contrexéville	20 A 2	
Conty	7 C 2	
Coray	12 B 2	
Corbeil-Essonnes	17 D 1	
Corbie	3 C 2	
Corbigny	28 B 1	
Corcieux	21 C 2	
Cordes-sur-Ciel	43 C 3	
Corlay	13 D 2	
Cormatin	29 D 3	
Cormeilles	6 A 3	
Cormery	26 B 1	

Cornimont....................21 C3
Cornus.......................44 A3
Corps........................46 A1
Corrèze......................34 B3
Corte........................55 D2
Cosne-Cours-sur-Loire...28 A3
Cosne-d'Allier..............28 A3
Cossé-le-Vivien............15 C3
La Côte-Saint-André......37 D3
Cotignac....................54 B1
Couches.....................29 D2
Coucy-le-Château-
  Auffrique.................8 A2
Couhé.......................33 D2
Couilly-Pont-aux-Dames...17 D1
Couiza......................51 D2
Coulanges-la-Vineuse....18 B3
Coulanges-sur-Yonne...28 B1
Coulommiers...............18 A1
Coulon......................33 C1
Coulonges-sur-l'Autize...25 D3
Couptrain..................15 D2
Cour-Cheverny.............27 C1
Courchevel.................38 B3
Courçon....................32 B1
Cournon-d'Auvergne....36 A2
La Couronne...............33 D2
Courpière..................36 A2
Cours.......................37 C1
Coursan....................52 A3
Coursegoules.............47 C3
Courseulles-sur-Mer.....5 D2
Courson-les-Carrières....28 B1
Courtenay..................18 A3
Courthézon................45 D3
La Courtine.................35 C2
Courtomer..................16 A1
Courville-sur-Eure........16 B2
Coussey.....................20 A2
Coutances....................4 B3
Coutras......................41 C1
La Couvertoirade..........44 A3
Cozes.......................32 B2
Craon........................15 C3
Craonne......................8 B3
Craponne-sur-Arzon......36 B3
La Crau......................54 B2
Crécy-en-Ponthieu..........2 B3
Crécy-la-Chapelle.........17 D1
Crécy-sur-Serre.............8 B2
Creil..........................7 D3

Crémieu......................37 D2
Créon.........................41 C1
Crépy-en-Valois.............7 D3
Crest.........................45 D1
Créteil.......................17 D1
Creully........................5 C2
Le Creusot..................29 D3
Creutzwald.................10 B3
Crèvecœur-le-Grand......7 C2
Criel-sur-Mer................2 A3
Criquetot-l'Esneval.........6 A2
Crocq........................35 C2
Le Croisic...................22 B3
La Croix-Valmer............55 C1
Le Crotoy.....................2 A3
Crozant......................27 C3
Crozon.......................12 A2
Cruseilles...................38 B1
Cuers........................54 B2
Cuiseaux....................30 A3
Cuisery......................29 D3
Culan........................27 D3
Culoz........................38 A2
Cunlhat......................36 B2
La Cure......................30 B3
Cusset.......................36 A1
Cysoing........................3 D2

D

Dabo........................21 C1
Damazan....................41 D2
Damelevières..............20 B1
Damgan.....................22 B2
Dammartin-en-Goële......7 D3
Dampierre..................30 B2
Dampierre-sur-Salon....30 A1
Damville....................16 B1
Damvillers...................9 D3
Dangé-Saint-Romain....26 B2
Dannemarie...............21 C3
Daoulas.....................12 B2
Darney......................20 A2
Dax..........................48 B1
Deauville.....................5 D2
Decazeville.................43 C2
Decize......................28 B3
Delle........................31 C1
Delme.......................20 B1
Denain........................3 D2
Derval.......................23 D2
Descartes...................26 B2

Desvres.......................2 B2
Les Deux-Alpes............38 B3
Die...........................45 D1
Dieppe........................2 A3
Dieulefit....................45 D2
Dieulouard.................20 A1
Dieuze......................20 B1
Digne-les-Bains...........46 B3
Digoin.......................29 C3
Dijon........................29 D1
Dinan........................14 A2
Dinard.......................14 A1
Dives..........................5 D2
Divonne-les-Bains........30 B3
Dol-de-Bretagne..........14 A1
Dole.........................30 A2
Domart-en-Ponthieu.......2 B3
Dombasle...................20 B1
Domène......................38 A3
Domèvre-en-Haye.........20 A1
Domfront-en-Poiraie.....15 C1
Domme......................42 A1
Dompaire...................20 B2
Dompierre-sur-Besbre...28 B3
Domrémy...................20 A2
Donges......................23 C2
Le Donjon...................36 B1
Donnemarie-Dontilly....18 A2
Donzenac...................34 B3
Donzère.....................45 D2
Donzy.......................28 A1
Le Dorat....................34 A1
Dordives....................17 D3
Dormans......................8 B3
Dornes......................28 B3
Dortan......................30 A3
Douai.........................3 D2
Douarnenez................12 B2
Doucier......................30 B3
Doudeville...................6 A2
Doué-la-Fontaine........25 D2
Doulaincourt..............19 D2
Doulevant-le-Château...19 D2
Doullens......................3 C3
Dourdan....................17 C2
Dourgne....................51 C3
Douvaine...................31 C3
Douvres-la-Délivrande....5 D2
Dozulé........................5 D2
Draguignan................54 B1
Dreux.......................16 B1

Droué ....16 B 3
Drulingen ....21 C 1
Drusenheim ....21 D 1
Ducey-les-Chéris ....14 B 1
Duclair ....6 A 2
Duingt ....38 B 2
Dun-le-Palestel...........34 B 1
Dun-sur-Auron ....28 A 2
Dun-sur-Meuse...........9 D 3
Dunkerque ....3 C 1
Duras....................41 D 1
Durban-Corbières ....51 D 2
Durtal ....15 D 3

E

Eaux-Bonnes ....49 C 2
Eauze....................41 D 3
Ébreuil ....35 D 1
Les Écharmeaux ....37 C 1
Les Échelles ....38 A 3
Écommoy ....15 D 3
Écos ....7 C 3
Écouché..................5 D 3
Écueillé..................27 C 2
Égletons.................35 C 3
Éguzon...................27 C 3
Elbeuf....................6 B 3
Elne ....57 C 3
Éloyes ....20 B 2
Elven ....13 D 3
Embrun ....46 B 1
Encausse-les-Thermes .....50 A 2
Ennezat..................36 A 2
Ensisheim ....21 C 3
Entraygues-sur-Truyère ...43 D 1
Entrevaux ....47 C 3
Envermeu ....2 A 3
Épernay ....8 B 3
Épernon.................17 C 1
Épinac...................29 D 2
Épinal ....20 B 2
L'Épine ....19 C 1
Erbalunga ....55 D 1
Ermenonville ....7 D 3
Ernée ....15 C 2
Erquy...................13 D 1
Erstein...................21 D 2
Ervy-le-Châtel...........18 B 3
L'Escarène ....47 D 3
Espalion ....43 D 2
Espelette ....48 A 1

Les Essarts................25 C 3
Essoyes..................19 C 3
Estagel..................51 D 3
Estaing..................43 D 2
Estaires...................3 C 2
Esternay.................18 A 1
Estissac..................18 B 2
Estrées-Saint-Denis........7 D 3
Étables-sur-Mer...........13 D 1
Étain ....9 D 3
Étampes.................17 C 2
Étang-sur-Arroux.........29 C 2
Étaples ....2 A 2
Étel......................13 C 3
Étrépagny................7 C 3
Étretat...................5 D 1
Eu ....2 A 3
Eugénie-les-Bains.........49 C 1
Évaux-les-Bains..........35 C 1
Évian ....31 C 3
Évisa...................55 D 2
Évran ....14 A 2
Évrecy....................5 C 3
Évreux....................6 B 3
Évron...................15 D 2
Évry ....17 D 1
Excideuil ....34 A 3
Exmes ....5 D 3
Eyguières...............53 D 2
Eygurande...............35 C 2
Eymet ....41 D 1
Eymoutiers..............34 B 2
Les Eyzies-de-Tayac......42 A 1
Èze......................47 D 3

F

Facture..................40 B 1
Falaise...................5 D 3
Fameck..................10 A 3
Fanjeaux ....51 C 2
Le Faou..................12 B 2
Le Faouët...............13 C 2
Faucogney-et-la-Mer......20 B 3
Faulquemont.............10 B 3
Fauquembergues.........2 B 2
Fauville-en-Caux ....6 A 2
Faverges.................38 B 2
Faverney ....20 A 3
Fay-sur-Lignon ....45 C 1
Fayence ....55 C 1
Fayl-Billot ....20 A 3

Fécamp ....6 A 2
La Féclaz ....38 A 2
Felletin ....35 C 2
Fénétrange..............21 C 1
La Fère ....8 A 2
Fère-Champenoise ....18 B 1
Fère-en-Tardenois ....8 A 3
Ferney-Voltaire ....38 B 1
Ferrette ....31 D 1
Ferrières-en-Gâtinais .....17 D 3
La Ferté-Alais............17 D 2
La Ferté-Bernard ....16 A 2
La Ferté-en-Ouche ....16 A 1
La Ferté-Gaucher.........18 A 1
La Ferté-Macé ....15 D 1
La Ferté-Milon...........8 A 3
La Ferté-Saint-Aubin......17 C 3
La Ferté-sous-Jouarre......18 A 1
La Ferté-Vidame.........16 A 1
Feurs ....37 C 2
Feyzin ....37 D 2
Figeac...................43 C 2
Firminy ....37 C 3
Fismes...................8 B 3
Flaine ....38 B 1
La Flèche ....15 D 3
Flers ....5 C 3
Fleurance................41 D 3
Fleury ....17 D 2
Fleury-sur-Andelle........6 B 3
Flixecourt ....2 B 3
Flize ....9 C 2
Flogny...................18 B 3
Florac ....44 B 2
Florensac.................52 A 2
Flumet ....38 B 2
Foix.....................50 B 2
Le Folgoët ....12 B 1
Font-Romeu-Odeillo-Via...51 C 3
Fontaine.................21 C 3
Fontaine-de-Vaucluse....45 D 3
Fontaine-Française ....30 A 1
Fontaine-le-Dun..........6 A 2
Fontainebleau...........17 D 2
Fontenay-le-Comte.......25 C 3
Fontenay-Trésigny.........17 D 1
Fontevraud-l'Abbaye .....26 A 2
Fontgombault............26 B 3
Fontoy ....10 A 3
Fontvieille................53 D 2
Forbach ....10 B 3

A
B
C
D
E
F
G
H
I
J
K
L
M
N
O
P
Q
R
S
T
U
V
W
X
Y
Z

Forcalquier .... **46 A 3**
Forges-les-Eaux .... **6 B 2**
Formerie .... **7 C 2**
Fort-Mahon-Plage .... **2 A 2**
Fos .... **50 A 3**
Fos-sur-Mer .... **53 D 2**
Le Fossat .... **50 B 2**
Fouesnant .... **12 B 3**
Foug .... **20 A 1**
Fougères .... **14 B 2**
Fougerolles .... **20 B 3**
Fouras .... **32 B 1**
Fourchambault .... **28 A 2**
Fourmies .... **8 B 1**
Fournels .... **44 A 1**
Fours .... **28 B 3**
Le Fousseret .... **50 A 2**
Fraize .... **21 C 2**
Frangy .... **38 A 1**
Fréjus .... **55 C 1**
Fresnay-sur-Sarthe .... **15 D 2**
Fresne-Saint-Mamès .... **30 A 1**
Fresnes-en-Woëvre .... **10 A 3**
Frévent .... **2 B 3**
Freyming-Merlebach .... **10 B 3**
Froissy .... **7 D 2**
Fromentine .... **24 A 2**
Frontenay-Rohan-Rohan ... **33 C 1**
Frontignan .... **52 B 2**
Fronton .... **42 B 3**
Frouard .... **20 A 1**
Fruges .... **2 B 2**
Fumay .... **9 C 1**
Fumel .... **42 A 2**

G

Gabarret .... **41 C 3**
Gacé .... **16 A 1**
La Gacilly .... **14 A 3**
Gaillac .... **42 B 3**
Gaillon .... **6 B 3**
Galan .... **49 D 2**
Gallardon .... **17 C 2**
Gallargues .... **53 C 2**
Gamaches .... **2 A 3**
Ganges .... **44 B 3**
Gannat .... **36 A 1**
Gap .... **46 B 1**
Gardanne .... **54 A 1**
La Garde-Freinet .... **55 C 1**
Gargilesse .... **27 C 3**

Garlin .... **49 C 1**
Gavarnie .... **49 D 3**
Gavray .... **4 B 3**
Geaune .... **49 C 1**
Gemeaux .... **30 A 1**
Gémenos .... **54 A 1**
Gémozac .... **32 B 2**
Gençay .... **26 A 3**
Genlis .... **30 A 1**
Gennes .... **25 D 1**
Génolhac .... **44 B 2**
Gentioux-Pigerolles .... **35 C 2**
Gérardmer .... **21 C 2**
Gerbéviller .... **20 B 1**
Les Gets .... **38 B 1**
Gevrey-Chambertin .... **29 D 1**
Gex .... **30 B 3**
Ghisonaccia .... **55 D 2**
Ghisoni .... **55 D 2**
Giat .... **35 C 2**
Gien .... **28 A 1**
Giens .... **54 B 1**
Gignac .... **52 B 2**
Gimont .... **50 A 1**
Giromagny .... **21 C 3**
Gisors .... **7 C 3**
Givet .... **9 C 1**
Givors .... **37 D 2**
Givry .... **29 D 3**
Givry-en-Argonne ..... **19 D 1**
Goderville .... **6 A 2**
Golfe-Juan .... **55 D 1**
Goncelin .... **38 A 3**
Gondrecourt-le-Château ...**19 D 2**
Gordes .... **45 D 3**
Gorron .... **15 C 2**
Gouarec .... **13 C 2**
Goumois .... **31 C 1**
Gourdon .... **42 B 1**
Gourin .... **13 C 2**
Gournay-en-Bray ...... **7 C 2**
Gouzon .... **35 C 1**
Graçay .... **27 C 2**
Gramat .... **42 B 1**
Grancey-le-Château .... **19 D 3**
Le Grand-Bornand ...... **38 B 1**
Le Grand-Bourg .... **34 B 1**
Grand Bourgtheroulde ... **6 A 3**
Grand-Champ .... **13 D 3**
La Grand-Combe ...... **44 B 2**
Grand-Couronne ...... **6 B 3**

La Grand-Croix .... **37 C 2**
Grand-Fougeray .... **14 A 3**
Le Grand-Lemps ...... **37 D 3**
Le Grand-Lucé .... **16 A 3**
Le Grand-Pressigny .... **26 B 2**
Le Grand-Serre .... **37 D 3**
Grandcamp-Maisy ..... **5 C 2**
La Grande-Motte ..... **53 C 2**
Grandpré .... **9 C 3**
Grandrieu .... **44 B 1**
Grandvilliers .... **7 C 2**
Granges-sur-Vologne ... **20 B 2**
Granville .... **4 B 3**
Grasse .... **47 C 3**
Le Grau-du-Roi .... **53 C 2**
Graulhet .... **43 C 3**
La Grave .... **38 B 3**
Gravelines .... **2 B 1**
Gray .... **30 A 1**
Grenade .... **42 A 3**
Grenade-sur-l'Adour ... **41 C 3**
Grenoble .... **38 A 3**
Gréoux-les-Bains ..... **46 A 3**
Gresse-en-Vercors ... **46 A 1**
Grésy-sur-Isère ..... **38 B 2**
Grez-en-Bouère ..... **15 C 3**
Grignan .... **45 D 2**
Grignols .... **41 C 2**
Grimaud .... **55 C 1**
Grisolles .... **42 A 3**
Groix .... **13 C 3**
Grostenquin .... **10 B 3**
Gruissan .... **52 A 3**
Guebwiller .... **21 C 3**
Guémené-Penfao ..... **23 C 2**
Guémené-sur-Scorff ... **13 C 2**
Guer .... **14 A 3**
Guérande .... **22 B 3**
La Guerche-de-Bretagne ...**14 B 3**
La Guerche-sur-l'Aubois ...**28 A 2**
Guéret .... **34 B 1**
Guérigny .... **28 B 2**
Guéthary .... **48 A 1**
Gueugnon .... **29 C 3**
Guichen .... **14 A 3**
Guignes .... **17 D 1**
Guillaumes .... **47 C 3**
Guillestre .... **47 C 1**
Guillon .... **29 C 1**
Guilvinec .... **12 B 3**
Guimiliau .... **12 B 1**

Guînes ....2 B 1
Guingamp.................13 C 1
Guipavas ....12 A 1
Guiscard.......................8 A 2
Guise...........................3 D 3
Guîtres ....41 C 1
Gujan-Mestras............40 B 1
Guzet-Neige..............50 B 3
Gy...........................30 B 1

H

Habsheim ....21 C 3
Hagetmau.................49 C 1
Hagondange ....10 A 3
Haguenau ....21 D 1
Hallencourt.................2 B 3
Halluin ....3 D 1
Ham..........................8 A 2
Hardelot-Plage ....2 A 2
Haroué ....20 A 2
Hasparren................48 B 1
Haubourdin ....3 C 2
Hautefort..................34 A 3
Hauterives...............37 D 3
Hauteville-Lompnes......38 A 1
Hautmont ....8 B 1
Le Havre....................5 D 2
Hayange...................10 A 3
La Haye-du-Puits ....4 B 2
La Haye-Pesnel ....4 B 3
Hazebrouck ....3 C 2
Héas..........................49 D 3
Hédé-Bazouges ....14 A 2
Hendaye ....48 A 1
Hénin-Beaumont...........3 C 2
Hennebont................13 C 3
Henrichemont............28 A 1
Herbault...................26 B 1
Les Herbiers ....25 C 2
Herbignac ....23 C 2
Héricourt..................31 C 1
Hérisson..................28 A 3
L'Hermenault..............25 C 3
Herment ....35 D 2
Hesdin......................2 B 2
Hettange-Grande ....10 A 2
Heuchin ....2 B 2
Heyrieux..................37 D 2
Hiersac....................33 C 2
Hirsingue.................21 C 3
Hirson.......................8 B 1

Hochfelden................21 D 1
Le Hohwald ....21 C 2
Hondschoote...............3 C 1
Honfleur....................5 D 2
Hornoy-le-Bourg ....7 C 2
Hossegor..................48 A 1
Les Houches..............39 C 1
Houdain....................3 C 2
Houdan ....17 C 1
Houeillès ....41 C 3
Houlgate ....5 D 2
Hourtin....................32 B 3
Hucqueliers ....2 B 2
Huelgoat ....12 B 2
Hunspach ....11 D 3
Huriel ....35 C 1
Hyères.....................54 B 2

I

L'Île-Bouchard ....26 A 2
L'Île-Rousse...............55 D 2
Ille-sur-Têt................51 D 3
Illhaeusern ....21 C 2
Illiers-Combray ....16 B 2
Imphy......................28 B 2
Ingrandes ....25 C 1
Ingwiller...................21 C 1
Is-sur-Tille ....30 A 1
Isigny-sur-Mer ....5 C 2
L'Isle-Adam.................7 D 3
L'Isle-d'Abeau ....37 D 2
L'Isle-de-Noé ....49 D 1
L'Isle-en-Dodon...........50 A 1
L'Isle-Jourdain (Gers)....50 B 1
L'Isle-Jourdain (Vienne)....34 A 1
L'Isle-sur-la-Sorgue ......45 D 3
L'Isle-sur-le-Doubs.......31 C 1
L'Isle-sur-Serein..........29 C 1
Isola 2000 ....47 D 2
Les Issambres.............55 C 1
Issigeac....................41 D 1
Issoire.....................36 A 2
Issoudun...................27 D 2
Issy-l'Évêque ....29 C 3
Istres......................53 D 2
Ivry-la-Bataille...........16 B 1
Izernore...................38 A 1

J

Jaligny-sur-Besbre.........28 B 3
Janville....................17 C 2

Janzé.......................14 B 3
Jard-sur-Mer...............24 B 3
Jargeau....................17 C 3
Jarnac.....................33 C 2
Jarnages...................35 C 1
Jarny ....10 A 3
Jaunay-Clan...............26 A 3
Jausiers....................47 C 2
La Javie....................46 B 2
Javron......................15 D 2
Jegun......................41 D 3
Jeumont....................8 B 1
Joigny ....18 A 3
Joinville...................19 D 2
Jonzac....................33 C 3
Josselin....................13 D 3
Jouarre....................18 A 1
Joué-lès-Tours...........26 B 1
Jougne.....................31 C 2
Joyeuse ....45 C 2
Juan-les-Pins ....55 D 1
Jugon-les-Lacs ....14 A 2
Juillac ....34 B 3
Jullouville ....4 B 3
Jumeaux ....36 A 3
Jumièges ....6 A 3
Jumilhac-le-Grand...........34 A 3
Juniville ....9 C 3
Jussey.....................20 A 3
Juvigny-le-Tertre ....15 C 1
Juvigny-sous-Andaine......15 C 2
Juzennecourt...............19 D 2

K

Kaysersberg-Vignoble .....21 C 2
Kembs......................21 D 3
Kernascléden..............13 C 3

L

Labastide-Murat..........42 B 1
Labastide-Rouairoux ......51 D 1
Labouheyre ....40 B 2
Labrit......................40 B 3
Labruguière ....51 D 1
Lacanau ....40 B 1
Lacanau-Océan............40 A 1
Lacapelle-Marival ....43 C 1
Lacaune ....51 D 1
Lacq.......................49 C 1
Laferté-sur-Amance ....20 A 3
Laffrey....................38 A 3

A B C D E F G H I J K L M N O P Q R S T U V W X Y Z

Lafrançaise . . . . .42 A 3
Lagnieu . . . . .37 D 1
Lagny . . . . .17 D 1
Lagrasse. . . . . .51 D 2
Laguépie . . . . .43 C 3
Laguiole. . . . . .43 D 1
Laignes . . . . .19 C 3
Laissac-Sévérac-l'Église . . . . .43 D 2
Lalbenque. . . . . .42 B 2
Lalinde . . . . .42 A 1
Lalouvesc . . . . .37 C 3
Lamalou-les-Bains. . . . . .52 A 2
Lamarche. . . . . .20 A 3
Lamarque . . . . .32 B 3
Lamastre . . . . .45 C 1
Lamballe . . . . .13 D 2
Lambesc . . . . .53 D 2
Lamotte-Beuvron . . . . .27 D 1
Lampaul. . . . . .12 A 1
Lamure-sur-Azergues. . . . . . . .37 C 1
Landerneau . . . . .12 B 1
Landévennec. . . . . .12 B 2
Landivisiau . . . . .12 B 1
Landivy . . . . .15 C 2
Landrecies. . . . . .8 B 1
Langeac . . . . .36 A 3
Langeais. . . . . .26 A 1
Langogne . . . . .44 B 1
Langon. . . . . .41 C 2
Langres . . . . .19 D 3
Langrune-sur-Mer . . . . .5 D 2
Lanmeur . . . . .13 C 1
Lannemezan . . . . .49 D 2
Lannilis . . . . .12 A 1
Lannion . . . . .13 C 1
Lanouaille . . . . .34 A 3
Lans-en-Vercors . . . . .38 A 2
Lanslebourg-Mont-Cenis . . .39 C 3
Lanta. .50 B 1
Lantosque. . . . . .47 D 3
Lanvollon . . . . .13 C 2
Laon . . . . .8 B 2
Lapalisse . . . . .36 B 1
Lapleau . . . . .35 C 3
Laplume. . . . . .41 D 3
Lapoutroie . . . . .21 C 2
Laragne-Montéglin. . . . . .46 A 2
Larche (Alpes-
de-Haute-Provence). . . . . .47 C 2
Larche (Corrèze) . . . . .34 B 3
Largentière. . . . . .45 C 2

Larmor-Plage. . . . . .13 C 3
Laroque-d'Olmes. . . . . .51 C 2
Laroque-Timbaut. . . . . .42 A 2
Laroquebrou . . . . .43 C 1
Laruns. . . . . .49 C 2
Lasalle. . . . . .44 B 3
Lassay-les-Châteaux. . . . . . . .15 C 2
Lassigny. . . . . .7 D 2
Latour-de-France. . . . . .51 D 3
Latronquière . . . . .43 C 1
Laurière . . . . .34 B 1
Lauterbourg. . . . . .11 D 3
Lautrec. . . . . .51 C 1
Lauzerte. . . . . .42 A 2
Le Lauzet-Ubaye. . . . . .46 B 2
Lauzun. . . . . .41 D 2
Laval . . . . .15 C 3
Le Lavandou. . . . . .54 B 2
Lavardac . . . . .41 D 3
Lavaur. . . . . .51 C 1
Lavelanet. . . . . .51 C 2
Lavéra. . . . . .53 D 2
Lavit-de-Lomagne. . . . . .42 A 3
Lavoûte-Chilhac. . . . . .36 A 3
La Léchère. . . . . .38 B 2
Les Lecques . . . . .54 A 2
Lectoure . . . . .41 D 3
Lédignan . . . . .45 C 3
Legé. . . . . .24 B 2
Léguevin . . . . .50 B 1
Lembach . . . . .11 D 3
Lembeye. . . . . .49 D 1
Lempdes-sur-Allagnon . . . . .36 A 3
Lencloître . . . . .26 A 2
Lens. . . . . .3 C 2
Léon . . . . .40 A 3
Léoncel . . . . .45 D 1
Léré . . . . .28 A 1
Lescar .49 C 1
Lescun .49 C 2
Lesneven . . . . .12 B 1
Lesparre-Médoc. . . . . .32 B 3
Lessay. .4 B 2
Lestelle-Bétharram . . . . .49 C 2
Levens .47 D 3
Levet. . . . . .27 D 2
Levie . . . . .55 D 3
Levier . . . . .30 B 2
Levroux . . . . .27 C 2
Lézardrieux. . . . . .13 D 1
Lézat-sur-Lèze. . . . . .50 B 2

Lezay. .33 D 1
Lézignan-Corbières. . . . . .51 D 2
Lezoux . . . . .36 A 2
Libourne . . . . .41 C 1
Liernais. . . . . .29 C 2
Lieurey .6 A 3
Liévin . . . . .3 C 2
Liffol-le-Grand. . . . . .20 A 2
Liffré . . . . .14 B 2
Lignières. . . . . .27 D 3
Ligny-en-Barrois. . . . . .19 D 1
Ligny-le-Châtel. . . . . .18 B 3
Ligueil. . . . . .26 B 2
Lille . . . . .3 D 2
Lillebonne. . . . . .6 A 2
Lillers. . . . . .3 C 2
Limoges . . . . .34 A 2
Limogne-en-Quercy. . . . . .42 B 2
Limonest . . . . .37 D 2
Limours-en-Hurepoix. . . . . . .17 C 1
Limoux . . . . .51 C 2
Le Lion-d'Angers . . . . .25 D 1
Lion-sur-Mer . . . . .5 D 2
Le Lioran . . . . .35 D 3
Lisieux .5 D 2
Lisle-sur-Tarn . . . . .42 B 3
Lit-et-Mixe. . . . . .40 A 3
Livarot-Pays-d'Auge . . . . .5 D 3
Liverdun . . . . .20 A 1
Livernon . . . . .42 B 1
Livron-sur-Drôme . . . . .45 D 1
Lizy-sur-Ourcq . . . . .8 A 3
Loches . . . . .26 B 2
Locmariaquer . . . . .22 B 2
Locminé. . . . . .13 D 3
Locquirec. . . . . .13 C 1
Locronan . . . . .12 B 2
Loctudy . . . . .12 B 3
Lodève . . . . .52 A 2
Loiron-Ruillé . . . . .15 C 3
Lombez . . . . .50 A 1
La Londe-les-Maures . . . . . . .54 B 2
Londinières. . . . . .6 B 2
Longeau. . . . . .19 D 3
Longny-au-Perche. . . . . .16 A 2
Longué. . . . . .25 D 1
Longueville-sur-Scie . . . . .6 B 2
Longuyon . . . . .9 D 2
Longwy . . . . .10 A 2
Lons-le-Saunier. . . . . .30 A 3
Lorgues . . . . .54 B 1

Lorient . . . . .13 **C 3**
Loriol-sur-Drôme . . . . .45 **D 1**
Lormes . . . . .29 **C 1**
Le Loroux-Bottereau . . . . . . .23 **D 3**
Lorquin . . . . .21 **C 1**
Lorrez-le-Bocage . . . . .17 **D 2**
Lorris . . . . .17 **D 3**
Loudéac . . . . .13 **D 2**
Loudes . . . . .36 **B 3**
Loudun . . . . .26 **A 2**
Loué . . . . .15 **D 3**
Louhans-Châteaurenaud . .30 **A 3**
Loulay .33 **C 1**
La Loupe . . . . .16 **B 2**
Lourdes . . . . .49 **D 2**
Le Louroux-Béconnais . . . . .25 **C 1**
Louviers .6 **B 3**
Louvigné-du-Désert . . . . . . .14 **B 2**
Lubersac . . . . .34 **B 3**
Le Luc .54 **B 1**
Luc-en-Diois . . . . .46 **A 1**
Luc-sur-Mer . . . . .5 **D 2**
Lucenay-l'Évêque . . . . .29 **C 2**
Luçon .25 **C 3**
Le Lude . . . . .26 **A 1**
Lumbres .2 **B 2**
Lunas . . . . .52 **A 2**
Lunel . . . . .53 **C 2**
Lunéville . . . . .20 **B 1**
Lurbe-Saint-Christau . . . . . .49 **C 2**
Lurcy-Lévis . . . . .28 **A 3**
Lure . . . . .20 **B 3**
Luri . . . . .55 **D 1**
Lury-sur-Arnon . . . . .27 **D 2**
Lusignan . . . . .26 **A 3**
Lusigny-sur-Barse . . . . .19 **C 2**
Lussac .41 **C 1**
Lussac-les-Châteaux . . . . . . .26 **B 3**
Lussan .45 **C 3**
Lutzelbourg . . . . .21 **C 1**
Luxeuil-les-Bains . . . . .20 **B 3**
Luynes .26 **A 1**
Luz-Saint-Sauveur . . . . .49 **D 3**
Luzarches . . . . .7 **D 3**
Luzech .42 **A 2**
Luzy . . . . .29 **C 3**
Lyon . . . . .37 **D 2**
Lyons-la-Forêt . . . . .6 **B 3**

M

Machault . . . . .9 **C 3**

Machecoul-St-Même . . . . . . .24 **B 2**
La Machine . . . . .28 **B 2**
Mâcon .37 **D 1**
Maël-Carhaix . . . . .13 **C 2**
Magnac-Bourg . . . . .34 **B 2**
Magnac-Laval . . . . .34 **A 1**
Magny-en-Vexin . . . . .7 **C 3**
Maîche . . . . .31 **C 1**
Maignelay-Montigny . . . . . . .7 **D 2**
Maillezais . . . . .25 **D 3**
Mailly-le-Camp . . . . .18 **B 1**
Maintenon . . . . .17 **C 1**
Maison-Neuve . . . . .19 **C 2**
Maizières . . . . .10 **A 3**
Malaucène . . . . .45 **D 2**
Malbuisson . . . . .30 **B 2**
La Malène . . . . .44 **A 2**
Malesherbes . . . . .17 **D 2**
Malestroit . . . . .22 **B 2**
Malicorne-sur-Sarthe . . . . . .15 **D 3**
Malo-les-Bains . . . . .3 **C 1**
Le Malzieu-Ville . . . . .44 **A 1**
Mamers . . . . .16 **A 2**
Mandelieu-la-Napoule . . . . .55 **C 1**
Manosque . . . . .46 **A 3**
Le Mans . . . . .15 **D 3**
Mansle .33 **D 2**
Mantes-la-Jolie . . . . .17 **C 1**
Manzat . . . . .35 **D 1**
Marans . . . . .32 **B 1**
Marchaux . . . . .30 **B 1**
Marchenoir . . . . .16 **B 3**
Marchiennes . . . . .3 **D 2**
Marciac . . . . .49 **D 1**
Marcigny . . . . .36 **B 1**
Marcillac-Vallon . . . . .43 **C 2**
Marcillat-en-Combraille . . . .35 **D 1**
Marcilly-le-Hayer . . . . .18 **B 2**
Marckolsheim . . . . .21 **D 2**
Marcoule . . . . .45 **D 3**
Marennes . . . . .32 **B 2**
Mareuil . . . . .33 **D 3**
Mareuil-sur-Lay . . . . .25 **C 3**
Marguerittes . . . . .45 **C 3**
Marignane . . . . .53 **D 2**
Marigny-le-Lozon . . . . .4 **B 3**
Marigny-le-Châtel . . . . .18 **B 2**
Marines .7 **C 3**
Maringues . . . . .36 **A 2**
Le Markstein . . . . .21 **C 3**
Marle . . . . .8 **B 2**

Marlenheim . . . . .21 **C 1**
Marmande . . . . .41 **D 2**
Marmoutier . . . . .21 **C 1**
Marnay . . . . .30 **B 1**
Marolles-les-Braults . . . . . . .16 **A 2**
Marquion . . . . .3 **D 2**
Marquise . . . . .2 **B 1**
Mars-la-Tour . . . . .10 **A 3**
Marseillan . . . . .52 **B 2**
Marseille . . . . .54 **A 1**
Marseille-en-Beauvaisis . . . . . .7 **C 3**
Martel .42 **B 1**
Marthon . . . . .33 **D 2**
Martigné-Ferchaud . . . . .14 **B 3**
Martigny-les-Bains . . . . .20 **A 2**
Martigues . . . . .53 **D 2**
Marvejols . . . . .44 **A 2**
Mas-Cabardès . . . . .51 **D 1**
Le Mas-d'Agenais . . . . .41 **D 2**
Le Mas-d'Azil . . . . .50 **B 2**
Masevaux-Niederbruck . . . .21 **C 3**
Massat .50 **B 3**
Le Massegros . . . . .44 **A 2**
Masseube . . . . .50 **A 1**
Massiac . . . . .36 **A 3**
Les Matelles . . . . .52 **B 2**
Matha .33 **C 2**
Matignon . . . . .14 **A 1**
Matour .37 **C 1**
Maubeuge . . . . .8 **B 1**
Maubourguet . . . . .49 **D 1**
Maubuisson . . . . .32 **B 3**
Mauguio . . . . .52 **B 2**
Mauléon . . . . .25 **D 2**
Mauléon-Barousse . . . . .50 **A 2**
Mauléon-Licharre . . . . .48 **B 2**
Maure-de-Bretagne . . . . .14 **A 3**
Mauriac . . . . .35 **C 3**
Mauron . . . . .14 **A 2**
Maurs .43 **C 1**
Mauvezin . . . . .50 **A 1**
Mauzé-sur-le-Mignon . . . . .32 **B 1**
Mayenne . . . . .15 **C 2**
Mayet .16 **A 3**
Le Mayet-de-Montagne . . . .36 **B 1**
Mazagran . . . . .9 **C 3**
Mazamet . . . . .51 **D 1**
Mazères . . . . .51 **C 2**
Mazières-en-Gâtine . . . . . . .25 **D 3**
Meaux .17 **D 1**
Les Mées . . . . .46 **B 3**

Megève . . . .**38 B 1**
Mehun-sur-Yèvre . . . .**27 D 2**
Meillant . . . .**28 A 3**
Le Mêle-sur-Sarthe . . . .**16 A 2**
Mélisey . . . .**20 B 3**
Melle . . . .**33 C 1**
Melun . . . .**17 D 2**
Menat . . . .**35 D 1**
Mende . . . .**44 A 2**
Ménigoute . . . .**25 D 3**
Mennetou-sur-Cher . . . .**27 D 1**
Mens . . . .**46 A 1**
Menthon . . . .**38 B 2**
Menton . . . .**47 D 3**
Les Menuires . . . .**38 B 3**
Mer . . . .**16 B 3**
Mercœur . . . .**43 C 1**
Merdrignac . . . .**22 B 3**
Méréville . . . .**17 C 2**
Méribel . . . .**38 B 3**
Le Merlerault . . . .**16 A 1**
Mers-les-Bains . . . .**2 A 3**
Méru . . . .**7 C 3**
Merville . . . .**3 C 2**
Merville-Franceville . . . .**5 D 2**
Méry-sur-Seine . . . .**18 B 2**
Meschers-sur-Gironde . . . . . .**32 B 2**
Meslay-du-Maine . . . .**15 C 3**
Messei . . . .**5 C 3**
Mesvres . . . .**29 C 2**
Metz . . . .**10 A 3**
Metzervisse . . . .**10 A 3**
Meulan . . . .**17 C 1**
Meung-sur-Loire . . . .**17 C 3**
Meursault . . . .**29 D 2**
Meximieux . . . .**37 D 2**
Meymac . . . .**35 C 2**
Meyrueis . . . .**44 A 3**
Meyzieu . . . .**37 D 2**
Mèze . . . .**52 B 2**
Mézel . . . .**46 B 3**
Mézidon . . . .**5 D 3**
Mézières-en-Brenne . . . .**26 B 2**
Mézières-sur-Issoire . . . .**34 A 1**
Mézin . . . .**41 D 3**
Miélan . . . .**49 D 1**
Migennes . . . .**18 A 3**
Mijoux . . . .**30 B 3**
Millas . . . .**51 D 3**
Millau . . . .**43 D 3**

Milly-la-Forêt . . . .**17 D 2**
Mimizan . . . .**40 A 2**
Mimizan-Plage . . . .**40 A 2**
Mindin . . . .**23 C 3**
Mionnay . . . .**37 D 2**
Miramar . . . .**55 C 1**
Miramas . . . .**53 D 2**
Mirambeau . . . .**33 C 3**
Miramont-de-Guyenne . . . . . .**41 D 2**
Mirande . . . .**49 D 1**
Mirebeau . . . .**26 A 3**
Mirebeau-sur-Bèze . . . .**30 A 1**
Mirecourt . . . .**20 A 2**
Mirepoix . . . .**51 C 2**
Miribel . . . .**37 D 2**
Modane . . . .**39 C 3**
Moëlan-sur-Mer . . . .**13 C 3**
Moirans . . . .**38 A 3**
Moirans-en-Montagne . . . . . .**30 B 3**
Moisdon-la-Rivière . . . .**23 D 2**
Moissac . . . .**42 A 3**
Molières . . . .**42 B 3**
Molitg-les-Bains . . . .**51 D 3**
Molliens-Dreuil . . . .**7 C 2**
Molsheim . . . .**21 C 1**
Mon Idée . . . .**9 C 2**
Le Monastier-sur-Gazeille . .**44 B 1**
Monbazillac . . . .**41 D 1**
Monclar-de-Quercy . . . .**42 B 3**
Moncontour
(Côtes-d'Armor) . . . .**13 D 2**
Moncontour (Vienne) . . . . . .**26 A 2**
Moncoutant . . . .**25 D 3**
Mondoubleau . . . .**16 A 3**
Mondragon . . . .**45 D 2**
Monein . . . .**49 C 1**
Monestier-de-Clermont . . . .**46 A 1**
Monestiés . . . .**43 C 3**
Le Monêtier . . . .**38 B 3**
Monflanquin . . . .**42 A 2**
La Mongie . . . .**49 D 2**
Monistrol-d'Allier . . . .**44 B 1**
Monistrol-sur-Loire . . . .**37 C 3**
Monpazier . . . .**42 A 1**
Monségur . . . .**41 D 1**
Monsols . . . .**37 C 1**
Mont-de-Marsan . . . .**41 C 3**
Le Mont-Dore . . . .**35 D 2**
Mont-Louis . . . .**51 C 3**
Le Mont-Saint-Michel . . . .**14 B 1**
Mont-Saint-Vincent . . . .**29 D 3**

Mont-sous-Vaudrey . . . .**30 A 2**
Montagnac . . . .**52 B 2**
Montagrier . . . .**33 D 3**
Montaigu . . . .**25 C 2**
Montaigu-de-Quercy . . . .**42 A 2**
Montaigut . . . .**35 D 1**
Montalieu-Vercieu . . . .**37 D 2**
Montalivet-les-Bains . . . .**32 B 3**
Montargis . . . .**17 D 3**
Montastruc-
la-Conseillère . . . .**50 B 1**
Montauban . . . .**42 B 3**
Montauban-de-Bretagne . . . . .**14 A 2**
Montbard . . . .**29 C 1**
Montbazens . . . .**43 C 2**
Montbazon . . . .**26 B 1**
Montbéliard . . . .**31 C 1**
Montbenoît . . . .**31 C 2**
Montbozon . . . .**30 B 1**
Montbrison . . . .**36 B 2**
Montbron . . . .**33 D 2**
Montceau-les-Mines . . . .**29 D 3**
Montcenis . . . .**29 D 3**
Montchanin . . . .**29 D 3**
Montcornet . . . .**8 B 2**
Montcuq-en-
Quercy-Blanc . . . .**42 A 2**
Montdidier . . . .**7 D 2**
Montebourg . . . .**4 B 2**
Montech . . . .**42 A 3**
Montélimar . . . .**45 D 2**
Montendre . . . .**33 C 3**
Montereau-Fault-Yonne . . . . .**18 A 2**
Montesquieu-Volvestre . . . . .**50 B 2**
Montesquiou . . . .**49 D 1**
Le Montet . . . .**28 A 3**
Montfaucon . . . .**23 D 3**
Montfaucon-d'Argonne . . . . . .**9 D 3**
Montfaucon-en-Velay . . . . . .**37 C 3**
Montfort-en-Chalosse . . . . . .**48 B 1**
Montfort-l'Amaury . . . .**17 C 1**
Montfort-sur-Meu . . . .**14 A 2**
Montfort-sur-Risle . . . .**6 A 3**
Montgaillard . . . .**50 B 2**
Montgenèvre . . . .**47 C 1**
Montgiscard . . . .**50 B 1**
Montguyon . . . .**33 C 3**
Monthermé . . . .**9 C 1**
Monthois . . . .**9 C 3**
Monthureux-sur-Saône . . . . . .**20 A 3**
Montier-en-Der . . . .**19 C 2**

A
B
C
D
E
F
G
H
I
J
K
L
M
N
O
P
Q
R
S
T
U
V
W
X
Y
Z

Montignac...............**34 A 3**
Montigny-le-Roi...........**19 D 3**
Montigny-sur-Aube........**19 C 3**
Montivilliers................**5 D 1**
Montjean-sur-Loire........**25 C 1**
Montlhéry.................**17 D 1**
Montlieu-la-Garde.........**33 C 3**
Montlouis-sur-Loire........**26 B 1**
Montluçon................**35 D 1**
Montluel.................**37 D 2**
Montmarault..............**35 D 1**
Montmartin-sur-Mer........**4 B 3**
Montmédy................**9 D 2**
Montmélian..............**38 B 2**
Montmirail (Marne)........**18 A 1**
Montmirail (Sarthe)........**16 A 3**
Montmirey-le-Château....**30 A 1**
Montmoreau-
    Saint-Cybard...........**33 D 3**
Montmorillon.............**26 B 3**
Montmort................**18 B 1**
Montoire-sur-le-Loir.......**16 A 3**
Montpellier...............**52 B 2**
Montpezat-de-Quercy......**42 B 2**
Montpezat-sous-Bauzon....**45 C 1**
Montpon-Ménestérol......**41 D 1**
Montpont-en-Bresse......**30 A 3**
Montréal (Aude).........**51 C 2**
Montréal (Gers)..........**41 D 3**
Montréal-la-Cluse.........**38 A 1**
Montredon-Labessonnié ...**51 D 1**
Montréjeau..............**50 A 2**
Montrésor................**26 B 2**
Montret.................**30 A 3**
Montreuil................**2 B 2**
Montreuil-Bellay..........**25 D 2**
Montrevault-sur-Èvre......**25 C 1**
Montrevel-en-Bresse.......**30 A 3**
Montrichard-Val-de-Cher...**26 B 1**
Montrond-les-Bains ....**37 C 2**
Monts-sur-Guesnes........**26 A 2**
Montsalvy................**43 C 1**
Montsauche..............**29 C 2**
Montsûrs................**15 C 2**
Morcenx.................**40 B 3**
Mordelles...............**14 A 3**
Morée...................**16 B 3**
Morestel................**38 A 2**
Moret-sur-Loing..........**17 D 2**
Moreuil..................**7 D 2**
Morez...................**30 B 3**

Morgat ....**12 A 2**
Morhange...............**10 B 3**
Morlaàs.................**49 C 1**
Morlaix..................**12 B 1**
Mormant................**17 D 1**
Mormoiron..............**45 D 3**
Mornant.................**37 C 2**
Morosaglia ....**55 D 2**
Mortagne-au-Perche ......**16 A 2**
Mortagne-sur-Gironde ....**32 B 3**
Mortagne-sur-Sèvre.......**25 C 2**
Mortain-Bocage...........**15 C 1**
Morteau.................**31 C 2**
Mortrée ....**15 D 1**
Morzine.................**38 B 1**
La Mothe-Achard.........**24 B 3**
La Mothe-Saint-Héray ....**25 D 3**
La Motte-Chalancon.......**46 A 2**
La Motte-du-Caire........**46 B 2**
Mouchard...............**30 B 2**
Mougins.................**55 C 1**
Mouilleron-en-Pareds .....**25 C 2**
Moulins.................**28 B 3**
Moulins-Engilbert ....**29 C 2**
Moulins-la-Marche ....**16 A 1**
Moult...................**5 D 3**
Mourenx ....**49 C 1**
Mourmelon-le-Grand.......**9 C 3**
Moustiers-Sainte-Marie....**46 B 3**
Mouthe.................**30 B 3**
Mouthier...............**30 B 2**
Mouthoumet.............**51 D 2**
Moûtiers................**38 B 2**
Moutiers-les-Mauxfaits ....**24 B 3**
Mouy...................**7 D 3**
Mouzon.................**9 D 2**
Moyenneville ....**2 B 3**
Mugron.................**40 B 3**
Mulhouse ....**21 C 3**
Munster................**21 C 2**
Mur-de-Barrez...........**43 D 1**
Mûr-de-Bretagne........**13 D 2**
Murat ....**35 D 3**
Murat-sur-Vèbre.........**51 D 1**
Murato.................**55 D 2**
La Mure................**46 A 1**
Muret ....**50 B 1**
Muro...................**55 D 2**
Murol..................**35 D 2**
Murviel-lès-Béziers.......**52 A 2**
Mussidan................**41 D 1**

Mussy-sur-Seine...........**19 C 3**
Le Muy..................**55 C 1**
Muzillac.................**22 B 2**

N

Nailloux ....**50 B 1**
Najac...................**43 C 2**
Nancy..................**20 A 1**
Nangis..................**18 A 2**
Nant....................**44 A 3**
Nanterre.................**17 C 1**
Nantes ....**23 D 3**
Nanteuil-le-Haudouin ......**7 D 3**
Nantiat.................**34 A 1**
Nantua..................**38 A 1**
La Napoule ....**55 C 1**
Narbonne ....**52 A 3**
Narbonne-Plage...........**52 A 3**
Nasbinals................**43 D 1**
Naucelle................**43 C 3**
Navarrenx ....**48 B 1**
Nay....................**49 C 2**
Nègrepelisse ....**42 B 3**
Nemours...............**17 D 2**
Nérac..................**41 D 3**
Néris-les-Bains...........**35 D 1**
Néronde................**37 C 2**
Nérondes...............**28 A 2**
Nesle...................**7 D 2**
Le Neubourg............**6 B 3**
Neuf-Brisach............**21 D 2**
Neufchâteau ....**20 A 2**
Neufchâtel-en-Bray.......**6 B 2**
Neufchâtel-sur-Aisne ......**8 B 3**
Neuillé-Pont-Pierre ....**26 A 1**
Neuilly-en-Thelle ....**7 D 3**
Neuilly-le-Réal...........**28 B 3**
Neuilly-l'Évêque..........**19 D 3**
Neuilly-Saint-Front ....**8 A 3**
Neung-sur-Beuvron ......**27 C 1**
La Neuve-Lyre............**16 A 1**
Neuves-Maisons..........**20 A 1**
Neuvic (Corrèze).........**33 D 3**
Neuvic (Hérault).........**35 C 3**
Neuville.................**37 D 2**
Neuville-aux-Bois........**17 C 3**
Neuville-de-Poitou ....**26 A 3**
Neuvy-le-Roi ....**26 B 1**
Neuvy-Saint-Sépulchre ....**27 C 1**
Neuvy-sur-Barangeon .....**27 D 1**
Névache................**39 C 3**

A B C D E F G H I J K L M N O P Q R S T U V W X Y Z

Nevers...........................28 B 2
Nexon...........................34 A 2
Nice............................47 D 3
Niederbronn-les-Bains.......11 D 3
Nieul..........................34 A 2
Nîmes..........................45 C 3
Niort..........................33 C 1
Nitry..........................29 C 1
Noailles........................7 C 3
Nœux...........................3 C 2
Nogaro.........................41 C 3
Nogent.........................19 D 3
Nogent-le-Roi.................16 B 1
Nogent-le-Rotrou.............16 A 2
Nogent-sur-Seine.............18 A 2
Noirétable.....................36 B 2
Noirmoutier-en-l'Île.........23 C 3
Nolay..........................29 D 2
Nomeny........................20 A 1
Nomexy........................20 B 2
Nonancourt...................16 B 1
Nonant-le-Pin................15 D 2
Nontron.......................33 D 2
Nonza..........................55 D 1
Norrent-Fontes................3 C 2
Nort-sur-Erdre................23 D 2
Notre-Dame-
  de-Bellecombe..............38 B 2
Nouan-le-Fuzelier...........27 D 1
Nouvion-en-Ponthieu..........2 B 3
Le Nouvion-en-Thiérache.....8 B 1
Nouzonville....................9 C 2
Noves..........................45 D 3
Novion-Porcien................9 C 2
Noyant........................26 A 1
Noyers.........................18 B 3
Noyers-sur-Jabron............46 A 2
Noyon...........................8 A 2
Nozay..........................23 D 2
Nueil-les-Aubiers............25 D 2
Nuits-Saint-Georges.........29 D 2
Nyons..........................45 D 2

O

Oberhaslach....................21 C 1
Obernai........................21 C 1
Objat..........................34 B 3
Offranville......................6 B 2
Oisemont........................2 B 3
Olargues.......................52 A 2
Oletta.........................55 D 2

Olette.........................51 D 3
Olivet..........................17 C 3
Les Ollières...................45 C 1
Olliergues.....................36 B 2
Ollioules......................54 A 2
Olmeto.........................55 D 3
Olonzac........................51 D 2
Oloron-Sainte-Marie........49 C 2
Onesse-Laharie...............40 B 3
Onzain.........................26 B 1
Oradour-sur-Glane..........34 A 2
Oradour-sur-Vayres.........34 A 2
Oraison........................46 B 3
Orange.........................45 D 3
Orbec............................6 A 3
Orbey..........................21 C 2
Orchies..........................3 D 2
Orcières.......................46 B 1
Orcival........................35 D 2
Orgelet........................30 A 3
Orgères-en-Beauce..........17 C 3
Orgon..........................45 D 3
Origny-Sainte-Benoite........8 A 2
Orléans........................17 C 3
Orly...........................17 D 1
Ornans.........................30 D 2
Orpierre.......................46 A 2
Orsay..........................17 C 1
Orthez.........................48 B 1
Ossun..........................49 D 2
Ottmarsheim..................21 D 3
Ouarville......................17 C 2
Oucques........................16 B 3
Ouistreham......................5 D 2
Oulchy-le-Château............8 A 3
Ourville-en-Caux..............6 A 2
Oust...........................50 B 3
Ouzouer-le-Marché.........16 B 3
Ouzouer-sur-Loire..........17 D 3
Oyonnax.......................38 A 1

P

La Pacaudière.................36 B 1
Pacy-sur-Eure...................6 B 3
Pagny..........................10 A 3
Paimbœuf......................23 C 3
Paimpol........................13 D 1
Paladru........................38 A 2
Le Palais......................22 A 3
Palaiseau......................17 D 1
Palavas-les-Flots.............52 B 2

Palinges.......................29 C 3
La Pallice.....................32 B 1
Palluau........................24 B 2
Pamiers........................50 B 2
Paramé..........................4 A 3
Paray-le-Monial..............29 C 3
Parentis-en-Born.............40 B 2
Paris..........................17 D 1
Parthenay......................25 D 3
Pas-en-Artois...................3 C 3
Passais........................15 C 2
Patay..........................17 C 3
Pau............................49 C 2
Pauillac.......................32 B 3
Paulhaguet....................36 A 3
Pavilly.........................6 B 2
Payrac.........................42 B 1
Le Péage-de-Roussillon....37 D 3
Peïra-Cava....................47 D 3
Pellegrue......................41 D 1
Le Pellerin....................23 C 3
Pélussin.......................37 C 3
Pénestin......................22 B 2
Penne-d'Agenais.............42 A 2
Percy-en-Normandie..........4 B 3
Périers.........................4 B 2
Périgueux......................34 A 3
Pernes-les-Fontaines........45 D 3
Péronne.........................3 C 3
Pérouges.......................37 D 3
Perpignan......................57 C 2
Perreux........................36 B 1
Perros-Guirec.................13 C 1
Le Perthus.....................57 C 3
Pertuis........................54 A 1
Pervenchères..................16 A 2
Pesmes........................30 A 1
La Petite-Pierre..............21 C 1
Petite-Rochelle...............10 B 3
Petreto-Bicchisano..........55 D 3
Peyrat-le-Château............34 B 2
Peyrehorade...................48 B 1
Peyriac-Minervois...........51 D 2
Peyrolles-en-Provence......54 A 1
Peyruis........................46 B 3
Pézenas........................52 A 2
Phalsbourg....................21 C 1
Piana..........................55 C 2
Picquigny.......................2 B 3
Piedicroce.....................55 D 2
Piennes........................10 A 3

Pierre-Buffière............34 B 2
Pierre-de-Bresse..........30 A 2
Pierrefitte-Nestalas........49 D 2
Pierrefitte-sur-Aire.........19 D 1
Pierrefonds................8 A 3
Pierrefontaine-les-Varans...31 C 1
Pierrefort................43 D 1
Pierrelatte...............45 D 2
Les Pieux.................4 B 2
Pilat-Plage...............40 A 1
Piney....................19 C 2
Pino.....................55 D 1
Pinols...................44 A 1
Pionsat..................35 D 1
Pipriac..................14 A 3
Piriac-sur-Mer............22 B 3
Pissos...................40 B 2
Pithiviers................17 D 2
Plabennec................12 A 1
La Plagne................39 C 2
Plaisance................49 D 1
Plan-d'Aups..............54 A 1
Plancoët.................14 A 1
Plateau-d'Assy...........39 C 1
Pleaux...................35 C 3
Pleine-Fougères..........14 B 1
Plélan-le-Grand..........14 A 3
Plélan-le-Petit...........14 A 2
Pléneuf-Val-André........13 D 1
Plestin-les-Grèves ....13 C 1
Pleumartin...............26 B 3
Pleumeur-Bodou..........13 C 1
Pleyben..................12 B 2
Ploemeur................13 C 3
Ploërmel.................22 B 1
Plœuc-sur-Lié............13 D 2
Plombières-les-Bains .....20 B 3
Plonéour-Lanvern ....12 B 3
Plouagat.................13 D 1
Plouaret.................13 C 1
Plouay...................13 C 3
Ploubalay................14 A 1
Ploudalmézeau...........12 A 1
Plouescat................12 B 1
Plougasnou ....12 B 1
Plougastel-Daoulas.......12 B 2
Plougonven ....13 C 1
Plouguenast..............13 D 2
Plouha ....13 D 1
Plouigneau...............13 C 1

Ploumanac'h ....13 C 1
Plouzévédé...............12 B 1
Pluvigner................13 D 3
Podensac.................41 C 1
Le Poiré-sur-Vie..........24 B 3
Poissons.................19 D 2
Poissy ....17 C 1
Poitiers..................26 A 3
Poix-de-Picardie..........7 C 2
Poix-Terron..............9 C 2
Poligny..................30 B 2
Poncin...................37 D 1
Pons....................33 C 2
Pont-à-Marcq.............3 D 2
Pont-à-Mousson..........20 A 1
Pont-Audemer............6 A 3
Pont-Aven...............12 B 3
Pont-Château.............23 C 2
Pont-Croix...............12 A 2
Pont-d'Ain...............37 D 1
Le Pont-de-Beauvoisin....38 A 2
Pont-de-Chéruy..........37 D 1
Le Pont-de-Claix.........38 A 3
Pont-de-Dore............36 A 2
Pont-de-l'Arche..........6 B 3
Le Pont-de-Montvert.....44 B 2
Pont-de-Roide...........31 C 1
Pont-de-Salars..........43 D 2
Pont-de-Vaux............29 D 3
Pont-de-Veyle...........37 D 1
Pont-d'Ouilly............5 D 3
Pont-du-Château.........36 A 2
Pont-en-Royans ....37 D 3
Pont-l'Abbé..............12 B 3
Pont-l'Évêque............5 D 2
Pont-Saint-Esprit........45 C 2
Pont-Saint-Vincent.......20 A 1
Pont-Sainte-Maxence......7 D 3
Pont-Scorff...............13 C 3
Pont-sur-Yonne..........18 A 2
Pontacq.................49 D 2
Pontailler-sur-Saône......30 A 1
Pontarion...............34 B 1
Pontarlier...............31 C 2
Pontaubault.............14 B 1
Pontaumur...............35 D 2
Pontcharra..............38 A 3
Pontchartrain............17 C 1
Ponte Leccia............55 D 3
Le Pontet...............45 D 3
Pontfaverger-Moronvilliers ..9 C 3

Pontgibaud..............35 D 2
Pontigny ....18 B 3
Pontivy ....13 D 2
Pontlevoy ....27 C 1
Pontoise ....7 C 3
Pontorson ....14 B 1
Pontrieux................13 C 1
Les Ponts-de-Cé ....25 D 1
Pontvallain ....15 D 3
Pornic ....23 C 3
Pornichet................22 B 3
Porquerolles..............54 B 2
Port-Bail ....4 B 2
Port-Barcarès............57 D 2
Port-Cros................54 B 2
Port-de-Bouc............53 D 2
Port-en-Bessin-Huppain....5 C 2
Port-Joinville............24 A 3
Port-la-Nouvelle..........52 A 3
Port-Leucate.............57 D 2
Port-Louis...............13 C 3
Port-Manech.............12 B 3
Port-Navalo ....22 B 2
Port-Saint-Louis-du-Rhône .53 D 2
Port-Sainte-Marie.........41 D 2
Port-sur-Saône ....20 A 3
Port-Vendres ....57 D 3
La Porta ....55 D 2
Porto ....55 C 2
Porto-Vecchio ....55 D 3
Potigny..................5 D 3
Pouancé.................14 B 3
Pougues-les-Eaux ....28 A 2
Pouilly...................36 B 1
Pouilly-en-Auxois........29 D 1
Pouilly-sur-Loire ....28 A 1
Le Pouldu ....13 C 3
Le Pouliguen ....22 B 3
Pouyastruc ....49 D 2
Pouzauges ....25 C 3
Le Pouzin...............45 D 1
Pra Loup................47 C 2
Pradelles ....44 B 1
Prades..................51 D 3
Prahecq.................33 C 1
Pralognan-la-Vanoise......39 C 3
Prats-de-Mollo-la-Preste....57 C 3
Prauthoy ....19 D 3
Praz-sur-Arly............38 B 2
Pré-en-Pail ....15 D 2
Précy-sous-Thil ....29 C 1

A

Prémery .... 28 B 2
Preuilly-sur-Claise .... 26 B 2
La Primaube .... 43 D 2
Primel-Trégastel .... 12 B 1
Privas .... 45 C 1
Propriano .... 55 D 3
Provenchères-sur-Fave .... 21 C 2
Provins .... 18 A 2
Puget-Théniers .... 47 C 3
Puiseaux .... 17 D 2
Puisserguier .... 52 A 2
Pujols .... 41 C 1
Putanges-Pont-Écrepin .... 5 D 3
Putanges-le-Lac .... 11 C 3
Le Puy-en-Velay .... 44 B 1
Puy-Guillaume .... 36 A 1
Puy-l'Évêque .... 42 A 2
Puylaurens .... 51 C 1
Puymirol .... 42 A 3
Pyla-sur-Mer .... 40 A 1

Q

Quarré-les-Tombes .... 29 C 1
Quérigut .... 51 C 3
Le Quesnoy .... 3 D 3
Questembert .... 13 D 3
Quettehou .... 4 B 1
Quiberon .... 22 A 2
Quillan .... 51 C 3
Quillebeuf-sur-Seine ...... 6 A 2
Quimper .... 12 B 2
Quimperlé .... 13 C 3
Quingey .... 30 B 2
Quintin .... 13 D 2
Quissac .... 44 B 3

R

Rabastens .... 42 B 3
Rabastens-de-Bigorre ..... 49 D 1
Ramatuelle .... 54 B 1
Rambervillers .... 20 B 2
Rambouillet .... 17 C 1
Rambucourt .... 20 A 1
Randan .... 36 A 1
Randanne .... 35 D 2
Raon-l'Étape .... 20 B 2
Raucourt-et-Flaba .... 9 D 2
Rayol-Canadel-sur-Mer ... 55 C 2
Réalmont .... 43 C 2
Rebais .... 18 A 1
Recey-sur-Ource .... 19 D 3

Redon .... 23 C 2
Reichshoffen .... 11 D 3
Reignier-Esery .... 38 B 1
Reillanne .... 46 A 3
Reims .... 8 B 3
Rémalard-en-Perche ..... 16 A 2
Remiremont .... 20 B 3
Remoulins .... 45 C 3
Rémuzat .... 44 D 2
Renazé .... 14 B 3
Rennes .... 14 B 2
Rennes-les-Bains .... 51 D 2
Renwez .... 9 C 2
La Réole .... 41 C 2
Réquista .... 43 D 3
Rethel .... 9 C 2
Retiers .... 14 B 3
Retournac .... 36 B 3
Reuilly .... 27 D 2
Revel .... 51 C 1
Revigny .... 19 D 1
Revin .... 9 C 1
Rhinau .... 21 D 2
Riaillé .... 23 D 2
Rians .... 54 A 1
Ribeauvillé .... 21 C 2
Ribécourt-Dreslincourt ... 7 D 2
Ribemont .... 8 A 2
Ribérac .... 33 D 3
Ribiers .... 46 A 2
Les Riceys .... 19 C 3
Richelieu .... 26 A 2
Riec-sur-Belon .... 12 B 3
Rieumes .... 50 B 1
Rieupeyroux .... 43 C 2
Rieux-Volvestre .... 50 B 2
Riez .... 46 B 3
Rignac .... 43 C 2
Riom .... 35 D 2
Riom-ès-Montagnes ..... 35 D 3
Rioz .... 30 B 1
Riquewihr .... 21 C 2
Riscle .... 49 D 1
Rive-de-Gier .... 37 C 2
Rives .... 38 A 3
Rivesaltes .... 57 C 2
La Rivière-Thibouville ... 6 A 3
La Roche-Bernard ...... 23 C 2
La Roche-Canillac ..... 35 C 3

La Roche-Chalais .... 33 C 3
La Roche-Derrien .... 13 C 1
La Roche-Guyon .... 7 C 3
La Roche-Posay .... 26 B 3
La Roche-sur-Foron ..... 38 B 1
La Roche-sur-Yon ...... 24 B 3
Rochechouart .... 34 A 2
Rochefort .... 32 B 1
Rochefort-en-Terre .... 23 C 2
Rochefort-Montagne ... 35 D 2
Rochefort-sur-Nenon .. 30 A 2
La Rochefoucauld .... 33 D 2
La Rochelle .... 32 B 1
Rochemaure .... 45 C 2
La Rochepot .... 29 D 2
Rocheservière .... 24 B 2
La Rochette .... 38 B 2
Rocroi .... 9 C 1
Rodez .... 43 D 2
Rohan .... 13 D 2
Rohrbach-lès-Bitche .. 11 C 3
Roisel .... 3 D 3
Roissy .... 17 D 1
Romans-sur-Isère .... 37 D 3
Rombas .... 10 A 3
Romilly-sur-Seine ... 18 B 2
Romorantin-Lanthenay . 27 C 1
Ronce-les-Bains ..... 32 B 2
Ronchamp .... 20 B 3
La Roque-Gageac ... 42 A 1
Roquebillière ...... 47 D 3
Roquebrun .... 52 A 2
Roquebrune-Cap-Martin . 47 D 3
La Roquebrussanne .. 54 B 1
Roquecourbe ...... 51 D 1
Roquefort .... 41 C 2
Roquefort-sur-Soulzon . 43 D 3
Roquemaure ...... 45 D 3
Roquesteron ...... 47 C 3
Roquevaire .... 54 A 1
Rosans .... 46 A 2
Roscoff .... 12 B 1
Rosheim .... 21 C 1
La Rosière 1850 ... 39 C 2
Rosières-en-Santerre . 7 D 2
Les Rosiers-sur-Loire . 25 D 1
Rosporden .... 12 B 3
Rostrenen .... 13 C 2
Rothéneuf ...... 4 A 3
Roubaix .... 3 D 2
Rouen .... 6 B 3

Rouffach ....21 C 3
Rougé ....14 B 3
Rougemont ....30 B 1
Rougemont-le-Château ....21 C 3
Rouillac......................33 C 2
Roujan ....52 A 2
Roulans ....30 B 1
Les Rousses..................30 B 3
Royan ....32 B 2
Royat.........................35 D 2
Roybon.......................37 D 3
Roye..........................7 D 2
Royère-de-Vassivière .....35 C 2
Rozay-en-Brie ....18 A 1
Le Rozier ....44 A 3
Rozoy-sur-Serre..............8 B 2
Rue...........................2 B 3
Ruelle-sur-Touvre...........33 D 2
Ruffec ....33 D 1
Ruffieux......................38 A 2
Rugles ....16 A 1
Rumengol ....12 B 2
Rumigny ....8 B 2
Rumilly ....38 A 2
Ruoms ....45 C 2
Rupt-sur-Moselle ....20 B 3
Le Russey....................31 C 2
Ruynes-en-Margeride .....44 A 1

S

Saales ....21 C 2
Sablé-sur-Sarthe............15 D 3
Les Sables-d'Olonne.......24 B 3
Sables-d'Or-les-Pins ....13 D 1
Sabres ....40 B 3
Saillagouse..................56 B 3
Saillans......................45 D 1
Sains ....8 B 2
Sains-du-Nord...............8 B 1
Saint-Affrique ....43 D 3
Saint-Agnant ....32 B 2
Saint-Agrève ....45 C 1
Saint-Aignan ....27 C 1
Saint-Aignan-sur-Roë......14 B 3
Saint-Alban-sur-Limagnole .44 A 1
Saint-Amand-en-Puisaye ..28 A 1
Saint-Amand-les-Eaux ......3 D 2
Saint-Amand-Longpré......16 B 3
Saint-Amand-Montrond ....28 A 1
Saint-Amans..................44 A 1
Saint-Amans-des-Cots......43 D 1

Saint-Amans-Soult..........51 D 1
Saint-Amant-Roche-Savine .36 B 2
Saint-Amant-Tallende......35 D 2
Saint-Amarin ....21 C 3
Saint-Ambroix ....45 C 2
Saint-Amé ....20 B 3
Saint-Amour ....30 A 3
Saint-André-de-Cubzac.....41 C 1
Saint-André-de-l'Eure ......16 B 1
Saint-André-de-Valborgne..44 B 2
Saint-André-les-Alpes .....46 B 3
Saint-Anthème ....36 B 2
Saint-Antonin-Noble-Val...42 B 3
Saint-Arnoult-en-Yvelines ..17 C 2
Saint-Astier..................33 D 3
Saint-Auban ....47 C 3
Saint-Aubin-d'Aubigné .....14 B 2
Saint-Aubin-du-Cormier ....14 B 2
Saint-Aubin-sur-Mer.........5 D 2
Saint-Aulaye-Puymangou...33 D 3
Saint-Avold ....10 B 3
Saint-Aygulf ....55 C 1
Saint-Béat ....50 A 2
Saint-Beauzély...............43 D 3
Saint-Benin-d'Azy ....28 B 2
Saint-Benoît-du-Sault.......27 C 3
Saint-Benoît-sur-Loire ......17 D 3
Saint-Bertrand-
  de-Comminges...........50 A 2
Saint-Blin....................19 D 2
Saint-Bonnet-de-Joux .....29 D 3
Saint-Bonnet-
  en-Champsaur ....46 B 1
Saint-Bonnet-le-Château ..36 B 3
Saint-Brévin-les-Pins.......23 C 3
Saint-Briac-sur-Mer........14 A 1
Saint-Brice-en-Coglès ......14 B 2
Saint-Brieuc ....13 D 1
Saint-Calais ....16 A 3
Saint-Cast ....14 A 1
Saint-Céré ....42 B 1
Saint-Cernin ....43 C 1
Saint-Chamas................53 D 2
Saint-Chamond.............37 C 3
Saint-Chély-d'Apcher......44 A 1
Saint-Chély-d'Aubrac.......43 D 2
Saint-Chinian ....52 A 2
Saint-Ciers-sur-Gironde....32 B 3
Saint-Cirq-Lapopie ....42 B 2
Saint-Clair-sur-l'Elle..........5 C 2
Saint-Clar...................42 A 3

Saint-Claud..................33 D 2
Saint-Claude................30 B 3
Saint-Cyprien ....42 A 1
Saint-Cyprien-Plage ....57 D 3
Saint-Denis..................17 D 1
Saint-Denis-d'Oléron.......32 A 1
Saint-Denis-d'Orques......15 D 3
Saint-Didier-en-Velay......37 C 3
Saint-Dié-des-Vosges......21 C 2
Saint-Dier-d'Auvergne......36 B 2
Saint-Dizier..................19 D 1
Saint-Donat-sur-l'Herbasse .37 D 3
Saint-Éloy-les-Mines........35 D 1
Saint-Émilion................41 C 1
Saint-Étienne................37 C 3
Saint-Étienne-de-Baïgorry..48 A 2
Saint-Étienne-de-Lugdarès .44 B 1
Saint-Étienne-de-Montluc ..23 C 3
Saint-Étienne-
  de-Saint-Geoirs ....37 D 3
Saint-Étienne-de-Tinée......47 C 2
Saint-Étienne-en-Dévoluy ..46 B 1
Saint-Étienne-les-Orgues ...46 A 3
Saint-Fargeau ....28 A 1
Saint-Félicien................37 C 3
Saint-Firmin ....46 B 1
Saint-Florent ....55 D 1
Saint-Florent-le-Vieil.......25 C 1
Saint-Florent-sur-Cher ....27 D 2
Saint-Florentin...............18 B 3
Saint-Flour ....43 D 1
Saint-François-Longchamp .38 B 3
Saint-Fulgent.................25 C 2
Saint-Galmier................37 C 2
Saint-Gaudens..............50 A 2
Saint-Gaultier ....27 C 3
Saint-Genest-Malifaux......37 C 3
Saint-Gengoux-le-National .29 D 3
Saint-Geniez-d'Olt-
  et-d'Aubrac..............43 D 2
Saint-Genis-de-Saintonge ..33 C 3
Saint-Genis-Laval...........37 D 2
Saint-Genix-sur-Guiers.....38 A 2
Saint-Geoire ....38 A 3
Saint-Georges-de-Didonne.32 B 2
Saint-Georges-en-Couzan ..36 B 2
Saint-Georges-sur-Loire ...25 D 1
Saint-Germain-
  de-Calberte ....44 B 2
Saint-Germain-des-Fossés .36 A 1
Saint-Germain-du-Bois .....30 A 3

A
B
C
D
E
F
G
H
I
J
K
L
M
N
O
P
Q
R
S
T
U
V
W
X
Y
Z

A B C D E F G H I J K L M N O P Q R S T U V W X Y Z

Saint-Germain-du-Plain ....**29 D 3**
Saint-Germain-du-Teil .....**44 A 2**
Saint-Germain-en-Laye .....**17 C 1**
Saint-Germain-Laval........**36 B 2**
Saint-Germain-Lembron.....**36 A 3**
Saint-Germain-les-Belles ..**34 B 2**
Saint-Germain-l'Herm ......**36 B 3**
Saint-Gervais-d'Auvergne ..**35 D 1**
Saint-Gervais-les-Bains ....**39 C 1**
Saint-Gervais-
les-Trois-Clochers ....**26 A 2**
Saint-Gervais-sur-Mare ....**52 A 2**
Saint-Géry................**42 B 2**
Saint-Gildas-de-Rhuys......**22 B 3**
Saint-Gildas-des-Bois......**23 C 2**
Saint-Gilles ....**53 C 2**
Saint-Gilles-Croix-de-Vie...**24 B 3**
Saint-Gingolph ....**31 C 1**
Saint-Girons................**50 B 2**
Saint-Girons-Plage.........**40 A 3**
Saint-Gobain ....**8 A 2**
Saint-Guénolé..............**12 A 3**
Saint-Guilhem-le-Désert....**52 B 2**
Saint-Haon-le-Châtel ......**36 B 1**
Saint-Herblain ....**23 D 3**
Saint-Hilaire ....**51 D 2**
Saint-Hilaire-de-Riez.......**24 B 3**
Saint-Hilaire-
de-Villefranche............**33 C 2**
Saint-Hilaire-des-Loges....**25 D 3**
Saint-Hilaire-du-Harcouët ..**15 C 1**
Saint-Hippolyte ....**31 C 1**
Saint-Hippolyte-du-Fort....**44 B 3**
Saint-Honoré-les-Bains ....**29 C 2**
Saint-Jacques-de-la-Lande .**14 A 3**
Saint-Jacut-de-la-Mer......**14 A 1**
Saint-James...............**14 B 2**
Saint-Jean-Brévelay.......**13 D 3**
Saint-Jean-Cap-Ferrat .....**47 D 3**
Saint-Jean-d'Angély ....**33 C 1**
Saint-Jean-de-Bournay ....**37 D 2**
Saint-Jean-de-Daye........**5 C 2**
Saint-Jean-de-Losne........**30 A 2**
Saint-Jean-de-Luz.........**48 A 1**
Saint-Jean-de-Maurienne...**38 B 3**
Saint-Jean-de-Monts ....**24 A 2**
Saint-Jean-du-Bruel ....**44 A 3**
Saint-Jean-du-Gard........**44 B 3**
Saint-Jean-en-Royans......**37 D 3**
Saint-Jean-Pied-de-Port ...**48 B 2**
Saint-Jeoire................**38 B 1**

Saint-Jouin-de-Marnes .....**26 A 2**
Saint-Juéry ....**43 C 3**
Saint-Julien...............**30 A 3**
Saint-Julien-Chapteuil ......**44 B 1**
Saint-Julien-de-Vouvantes..**23 D 2**
Saint-Julien-du-Sault ......**18 A 3**
Saint-Julien-en-Genevois ..**38 A 1**
Saint-Julien-l'Ars...........**26 A 3**
Saint-Junien ....**34 A 2**
Saint-Just-en-Chaussée......**7 D 2**
Saint-Just-en-Chevalet.....**36 B 2**
Saint-Just-Saint-Rambert ...**37 C 3**
Saint-Justin...............**41 C 3**
Saint-Lary-Soulan ....**49 D 3**
Saint-Laurent-
de-Chamousset ....**37 C 2**
Saint-Laurent-
de-la-Salanque...........**57 C 2**
Saint-Laurent-du-Pont.....**38 A 3**
Saint-Laurent-
en-Grandvaux............**30 B 3**
Saint-Laurent-les-Bains ....**44 B 3**
Saint-Laurent-Médoc.......**32 B 3**
Saint-Laurent-sur-Gorre ...**34 A 2**
Saint-Laurent-sur-Mer .....**5 C 2**
Saint-Laurent-sur-Sèvre...**25 C 2**
Saint-Léger-sous-Beuvray ..**29 C 2**
Saint-Léonard-de-Noblat ..**34 B 2**
Saint-Lô ....**5 C 2**
Saint-Louis................**21 D 3**
Saint-Loup-sur-Semouse ...**20 B 3**
Saint-Loup-sur-Thouet.....**25 D 3**
Saint-Lunaire ....**14 A 1**
Saint-Lys..................**50 B 1**
Saint-Macaire..............**41 C 2**
Saint-Maixent-l'École .....**25 D 3**
Saint-Malo................**14 A 1**
Saint-Malo-de-la-Lande .....**4 B 3**
Saint-Mamet-la-Salvetat...**43 C 1**
Saint-Mandrier-sur-Mer....**54 B 2**
Saint-Marcellin ....**37 D 3**
Saint-Mars-la-Jaille.......**23 D 2**
Saint-Martin-d'Auxigny....**27 D 2**
Saint-Martin-de-Belleville ..**38 B 3**
Saint-Martin-de-Crau.......**53 C 2**
Saint-Martin-de-Londres ...**44 B 3**
Saint-Martin-de-Ré.........**32 A 1**
Saint-Martin-de-Seignanx ..**48 A 1**
Saint-Martin-de-Valamas ...**45 C 1**
Saint-Martin-en-Bresse ....**29 D 2**
Saint-Martin-Vésubie ......**47 D 3**

Saint-Martory ....**50 A 2**
Saint-Mathieu ....**34 A 2**
Saint-Maximin-
la-Sainte-Baume.........**54 A 1**
Saint-Médard-en-Jalles ....**40 B 1**
Saint-Méen-le-Grand ....**14 A 2**
Saint-Michel................**8 B 1**
Saint-Michel-
de-Maurienne............**38 B 3**
Saint-Michel-en-Grève......**13 C 1**
Saint-Michel-en-l'Herm.....**25 C 2**
Saint-Michel-
Mont-Mercure...........**25 C 2**
Saint-Mihiel ....**19 D 1**
Saint-Nazaire ....**23 C 3**
Saint-Nectaire ....**35 D 2**
Saint-Nicolas-d'Aliermont ...**6 B 2**
Saint-Nicolas-de-la-Grave ..**42 A 3**
Saint-Nicolas-de-Port......**20 B 1**
Saint-Nicolas-du-Pélem....**13 C 2**
Saint-Omer ....**2 B 1**
Saint-Pair-sur-Mer ....**4 B 3**
Saint-Palais................**48 B 2**
Saint-Palais-sur-Mer ....**32 B 2**
Saint-Pardoux-la-Rivière...**34 A 3**
Saint-Paul-Cap-de-Joux ....**51 C 1**
Saint-Paul-de-Fenouillet...**51 D 3**
Saint-Paul-de-Vence.......**47 D 3**
Saint-Paul-sur-Ubaye ......**47 C 2**
Saint-Paul-Trois-Châteaux ..**45 D 2**
Saint-Paulien ....**36 B 3**
Saint-Pé-de-Bigorre ....**49 C 2**
Saint-Pée-sur-Nivelle .....**48 A 1**
Saint-Péray ....**45 D 1**
Saint-Père-en-Retz ....**23 C 3**
Saint-Philbert-
de-Grand-Lieu ....**23 D 3**
Saint-Pierre-d'Albigny .....**38 B 2**
Saint-Pierre-de-Chartreuse .**38 A 3**
Saint-Pierre-de-Chignac....**34 A 3**
Saint-Pierre-d'Oléron......**32 A 1**
Saint-Pierre-Église ....**4 B 1**
Saint-Pierre-le-Moûtier ....**28 A 3**
Saint-Pierre-Quiberon .....**22 A 2**
Saint-Pierre-sur-Dives .....**5 D 3**
Saint-Pois.................**5 C 3**
Saint-Pol-de-Léon ....**12 B 1**
Saint-Pol-sur-Ternoise .....**3 C 2**
Saint-Pons-de-Thomières...**51 D 1**
Saint-Porchaire ....**32 B 2**
Saint-Pourçain-sur-Sioule ..**36 A 1**

Saint-Privat...............35 C 3
Saint-Quay-Portrieux.......13 D 1
Saint-Quentin ....8 A 2
Saint-Rambert-d'Albon...37 D 3
Saint-Rambert-en-Bugey...37 D 1
Saint-Raphaël ....55 C 1
Saint-Rémy-de-Provence...45 D 3
Saint-Rémy-sur-Durolle....36 B 2
Saint-Renan ....12 A 1
Saint-Riquier ....2 B 3
Saint-Romain-de-Colbosc ...6 A 2
Saint-Rome-de-Tarn ....43 D 3
Saint-Saëns...................6 B 2
Saint-Satur.................28 A 1
Saint-Saulge ....28 B 2
Saint-Sauveur-en-Puisaye...28 B 1
Saint-Sauveur-le-Vicomte....4 B 2
Saint-Sauveur-Lendelin....4 B 2
Saint-Sauveur-sur-Tinée...47 C 3
Saint-Savin (Gironde) ....33 C 3
Saint-Savin (Vienne) ......26 B 3
Saint-Savinien.............32 B 2
Saint-Seine-l'Abbaye ......29 D 1
Saint-Sernin-sur-Rance .....43 D 3
Saint-Servan-sur-Mer......14 A 1
Saint-Sever................40 B 3
Saint-Sever-Calvados ....5 C 3
Saint-Sulpice-les-Feuilles ...34 B 1
Saint-Symphorien ....41 C 2
Saint-Symphorien-de-Lay .37 C 1
Saint-Symphorien-d'Ozon ..37 D 2
Saint-Symphorien-
 sur-Coise...................37 C 2
Saint-Thégonnec-
 Loc-Eguiner ....12 B 1
Saint-Trivier-de-Courtes ....30 A 3
Saint-Trivier-sur-Moignans..37 D 1
Saint-Trojan-les-Bains......32 B 2
Saint-Tropez................55 C 1
Saint-Vaast-la-Hougue......4 B 1
Saint-Valery-en-Caux........6 A 2
Saint-Valery-sur-Somme ....2 A 3
Saint-Vallier...............37 D 3
Saint-Vallier-de-Thiey......47 C 3
Saint-Varent ....25 D 2
Saint-Vaury................34 B 1
Saint-Véran................47 C 1
Saint-Vincent-de-Tyrosse ..48 B 1
Saint-Vivien-de-Médoc.....32 B 3
Saint-Wandrille.............6 A 2
Saint-Yorre ....36 A 1

Saint-Yrieix-la-Perche.......34 A 3
Sainte-Adresse ....5 D 2
Sainte-Anne-d'Auray ....13 D 1
Sainte-Croix-du-Mont .....41 C 2
Sainte-Croix-Volvestre.....50 B 2
Sainte-Enimie ....44 A 2
Sainte-Foy-la-Grande.......41 D 1
Sainte-Foy-l'Argentière.....37 C 2
Sainte-Geneviève-
 sur-Argence ....43 D 1
Sainte-Hélène ....40 B 1
Sainte-Hermine ....25 C 3
Sainte-Livrade-sur-Lot.....41 D 2
Sainte-Lucie-de-Tallano ...55 D 3
Sainte-Marie-aux-Mines ...21 C 2
Sainte-Maure-de-Touraine..26 B 2
Sainte-Maxime ....55 C 1
Sainte-Menehould..........9 C 3
Sainte-Mère-Église.........4 B 2
Sainte-Sévère-sur-Indre.....27 D 3
Sainte-Suzanne-
 et-Chammes ....15 D 3
Sainte-Tulle................46 A 3
Saintes ....32 B 2
Saintes-Maries-de-la-Mer ...57 C 1
Saissac ....51 C 1
Salbris ....27 D 1
Salernes ....54 B 1
Salers.....................35 C 3
Salies-de-Béarn............48 B 1
Salies-du-Salat.............50 A 2
Salignac-Eyvigues ....42 B 1
Salindres ....45 C 3
Salins....................30 B 2
Sallanches................38 B 1
Salles-Curan...............43 D 3
Salles-sur-l'Hers ....51 C 2
Salon-de-Provence ....53 D 2
Salses-le-Château..........57 C 2
Salvagnac.................42 B 3
La Salvetat-Peyralès ....43 C 2
La Salvetat-sur-Agout......51 D 1
Salviac....................42 A 1
Samatan...................50 A 1
Samer ....2 B 2
Samoëns ....39 C 1
Sanary-sur-Mer...........54 A 2
Sancergues ....28 A 2
Sancerre..................28 A 1
Sancoins ....28 A 3
Sanguinet ....40 B 2

Santa-Maria-Siché ....55 D 3
Santo-Pietro-di-Tenda.....55 D 2
Saorge ....47 D 3
Saramon ....50 A 1
Sarcelles..................17 D 1
Sari-d'Orcino ....55 D 2
Sarlat-la-Canéda..........42 A 1
Sarralbe ....11 C 3
Sarre-Union ....11 C 3
Sarrebourg ....21 C 1
Sarreguemines ....11 C 3
Sars-Poteries ....8 B 1
Sartène...................55 D 3
Sartilly-Baie-Bocage ....4 B 3
Sarzeau...................22 B 2
Sassenage ....38 A 3
Satillieu ....37 C 3
Satolas ....37 D 2
Saugues ....44 B 1
Saujon....................32 B 2
Saulieu ....29 C 1
Sault ....46 A 3
Saulx ....20 B 3
Saulxures-sur-Moselotte....20 B 3
Saumur...................26 A 1
Sauve ....44 B 2
Sauveterre-de-Béarn ....48 B 1
Sauveterre-de-Guyenne....41 C 1
Sauveterre-de-Rouergue ..43 C 2
Sauxillanges...............36 A 2
Le Sauze..................47 C 2
Sauzé-Vaussais ....33 D 1
Sauzon ....22 A 2
Savenay ....23 C 3
Saverdun ....50 B 2
Saverne ....21 C 1
Savignac-les-Églises.......34 A 3
Savigny-sur-Braye ....16 A 3
Savines-le-Lac............46 B 2
Scaër ....12 B 2
Scey-sur-Saône ....20 A 3
Schirmeck ....21 C 1
Seclin ....3 D 2
Secondigny................25 D 3
Sedan ....9 D 2
Séderon ....46 A 2
Seebach ....11 D 3
Sées ....15 D 1
Segonzac..................33 C 2
Segré.....................15 C 3
Seiches-sur-le-Loir.........25 D 1

A
B
C
D
E
F
G
H
I
J
K
L
M
N
O
P
Q
R
S
T
U
V
W
X
Y
Z

A
B
C
D
E
F
G
H
I
J
K
L
M
N
O
P
Q
R
S
T
U
V
W
X
Y
Z

Seignelay .... 18 B 3
Seilhac .... 34 B 3
Seissan .... 50 A 1
Sélestat .... 21 C 2
Selles-sur-Cher .... 27 C 1
Sellières .... 30 A 2
Selommes .... 16 B 2
Selongey .... 30 A 1
Seltz .... 11 D 3
Semur-en-Auxois .... 29 C 1
Semur-en-Brionnais ..... 36 B 1
Sénas .... 53 D 1
Senez .... 46 B 3
Senlis .... 7 D 3
Sennecey-le-Grand ...... 29 D 3
Senonches .... 16 B 2
Senones .... 21 C 2
Sens .... 18 A 2
Sépeaux-Saint-Romain .. 18 A 3
Sermaize-les-Bains ..... 19 D 1
Serres .... 46 A 2
Serrières .... 37 D 3
Servian .... 52 A 2
Sète .... 52 B 2
Les Settons .... 29 C 2
Seurre .... 30 A 2
Sévérac-d'Aveyron ...... 43 D 2
Sévrier .... 38 B 1
Seyches .... 41 D 2
La Seyne .... 54 B 2
Seyne .... 46 B 2
Seyssel .... 38 A 1
Sézanne .... 18 B 1
Sierck-les-Bains .... 10 B 2
Sierentz .... 21 D 3
Sigean .... 52 A 3
Signy-l'Abbaye .... 9 C 2
Sillé-le-Guillaume .... 15 D 2
Sissonne .... 8 B 2
Sisteron .... 46 B 2
Six-Fours-les-Plages .... 54 B 2
Sizun .... 12 B 2
Soccia .... 55 D 2
Sochaux .... 31 C 1
Soissons .... 8 A 3
Solenzara .... 55 D 3
Solesmes (Nord) .... 3 D 3
Solesmes (Sarthe) ...... 15 D 3
Solignac .... 34 A 2
Solignac-sur-Loire ...... 44 B 1
Solliès-Pont .... 54 B 2

Solre-le-Château .... 8 B 1
Sombernon .... 29 D 1
Sommesous .... 18 B 1
Sommières .... 45 C 3
Songeons .... 7 C 2
Sore .... 40 B 2
Sorgues .... 45 D 3
Sospel .... 47 D 3
Souesmes .... 27 D 1
Soufflenheim .... 21 D 1
Souillac .... 42 B 1
Souilly .... 9 D 3
Soulac-sur-Mer .... 32 B 2
Soulaines-Dhuys .... 19 C 2
Soultz-Haut-Rhin .... 21 C 3
Soultz-sous-Forêts ...... 11 D 3
Souppes-sur-Loing ..... 17 D 2
Sourdeval .... 5 C 3
Sournia .... 51 D 3
Sousceyrac .... 43 C 1
Soustons .... 40 A 3
La Souterraine .... 34 B 1
Souvigny .... 28 B 3
Spincourt .... 10 A 3
Steenvoorde .... 3 C 1
Stenay .... 9 D 2
Strasbourg .... 21 D 1
Suippes .... 9 C 3
Sully-sur-Loire .... 17 D 3
Super-Besse .... 35 D 3
Surgères .... 32 B 1
Survilliers .... 7 D 3
La Suze-sur-Sarthe ..... 15 D 3

T

Tain-l'Hermitage .... 37 D 3
Tallard .... 46 B 2
Talloires-Montmin ...... 38 B 2
Talmont-Saint-Hilaire ... 24 B 3
Taninges .... 38 B 1
Tanlay .... 18 B 3
Tarare .... 37 C 2
Tarascon .... 45 C 3
Tarascon-sur-Ariège .... 50 B 3
Tarbes .... 49 D 2
Tardets-Sorholus .... 48 B 2
Targon .... 41 C 1
Tarnos .... 48 A 1
Tartas .... 40 B 3
Tassin .... 37 C 2
Taulé .... 12 B 1

Tauves .... 35 D 2
Tavaux .... 30 A 2
Tavernes .... 54 B 1
Le Teil .... 45 C 2
Le Teilleul .... 15 C 2
Tence .... 37 C 3
Tende .... 47 D 2
Tergnier .... 8 A 2
Terrasson-Lavilledieu ... 34 A 3
Terrenoire .... 37 C 3
Tessy-Bocage .... 5 C 3
La Teste-de-Buch .... 40 A 1
Thann .... 21 C 3
Thaon .... 20 B 2
Le Theil .... 16 A 2
Thénezay .... 26 A 3
Thenon .... 34 A 3
Théoule-sur-Mer .... 55 C 1
Thérouanne .... 2 B 2
Thèze .... 49 C 1
Thiaucourt-Regniéville .. 10 A 3
Thiberville .... 6 A 3
Thiéblemont-Farémont .. 19 C 1
Thiers .... 36 A 2
Le Thillot .... 20 B 3
Thionville .... 10 A 3
Thiron-Gardais .... 16 B 2
Thiviers .... 34 A 3
Thizy-les-Bourgs .... 37 C 1
Thoissey .... 37 D 1
Thollon .... 31 C 3
Thônes .... 38 B 1
Thonon .... 31 C 3
Thorens-Glières .... 38 B 1
Thouarcé .... 25 D 1
Thouars .... 25 D 2
Thueyts .... 45 C 1
Thuir .... 51 D 3
Thury-Harcourt .... 5 D 3
Tiercé .... 25 D 1
Tignes .... 39 C 2
Tillières-sur-Avre .... 16 B 1
Tilly-sur-Seulles .... 5 C 2
Tinchebray .... 5 C 3
Tinténiac .... 14 A 2
Tombebœuf .... 41 D 2
Tonnay-Boutonne .... 32 B 1
Tonnay-Charente .... 32 B 1
Tonneins .... 41 D 2
Tonnerre .... 18 B 3
Torcy .... 17 D 1

Torigny-les-Villes	5 C 3	
Tôtes	6 B 2	
Toucy	18 A 3	
Toul	20 A 1	
Toulon	54 B 2	
Toulon-sur-Arroux	29 C 3	
Toulouse	50 B 1	
Le Touquet-Paris-Plage	2 A 2	
La Tour-d'Auvergne	35 D 2	
La Tour-du-Pin	38 A 2	
La Tour-Fondue	54 B 2	
Tourcoing	3 D 2	
Tournan-en-Brie	17 D 1	
Tournay	49 D 2	
Tournon-d'Agenais	42 A 2	
Tournon-Saint-Martin	26 B 3	
Tournon-sur-Rhône	37 D 3	
Tournus	29 D 3	
Tourouvre-au-Perche	16 A 1	
Tours	26 B 1	
Toury	17 C 2	
La Toussuire	38 B 3	
Le Touvet	38 A 3	
La Tranche-sur-Mer	24 B 3	
Le Trayas	55 C 1	
Trébeurden	13 C 1	
Tréboul	12 B 2	
Treffort	37 D 1	
Trégastel	13 C 1	
Tréguier	13 C 1	
Treignac	34 B 2	
Trélon	8 B 1	
La Tremblade	32 B 2	
Le Tréport	2 A 3	
Trets	54 A 1	
Trèves	44 A 3	
Trévières	5 C 2	
Trévoux	37 D 1	
Triaucourt-en-Argonne	9 D 3	
Trie-sur-Baïse	49 D 1	
La Trimouille	26 B 3	
La Trinité	22 A 2	
La Trinité-Porhoët	13 D 2	
Troarn	5 D 2	
Les Trois-Épis	21 C 2	
Les Trois-Moutiers	26 A 2	
Troo	16 A 3	
Trouville-sur-Mer	5 D 2	
Troyes	18 B 2	
Truchtersheim	21 D 1	
Trun	5 D 3	

U

Tuchan	51 D 3	
Tuffé-Val-de-la-Chéronne	16 A 3	
Tulle	34 B 3	
Tullins	38 A 3	
La Turballe	22 B 3	
La Turbie	47 D 3	
Turckheim	21 C 2	
Turriers	46 B 2	
Uckange	10 A 3	
Ugine	38 B 2	
Urdos	49 C 3	
Urepel	48 A 2	
Uriage	38 A 3	
Ury	17 D 2	
Ussat	50 B 3	
Ussel	35 C 2	
Ustaritz	48 A 1	
Utelle	47 D 3	
Uzel	13 D 2	
Uzerche	34 B 3	
Uzès	45 C 3	

V

Vabre	51 D 1	
Vagney	20 B 3	
Vaiges	15 C 3	
Vailly-sur-Aisne	8 A 3	
Vailly-sur-Sauldre	28 A 1	
Vaison-la-Romaine	45 D 2	
Le Val-André	13 D 1	
Le Val-d'Ajol	20 B 3	
Val-de-Reuil	6 B 3	
Val-d'Isère	39 C 2	
Val-Thorens	38 B 3	
Valberg	47 C 3	
Valbonnais	46 A 1	
Valdahon	31 C 2	
Valderiès	43 C 3	
Valençay	27 C 2	
Valence	45 D 1	
Valence-d'Agen	42 A 3	
Valence-d'Albigeois	43 C 3	
Valence-sur-Baïse	41 D 3	
Valenciennes	3 D 2	
Valensole	46 B 2	
Valentigney	31 C 1	
Valgorge	45 C 2	
Valleraugue	44 B 3	
Vallet	23 D 3	

Valloire	38 B 3	
Vallon-en-Sully	28 A 3	
Vallon-Pont-d'Arc	45 C 2	
Vallorcine	39 C 1	
Vallouise	46 B 1	
Valmont	6 A 2	
Valmorel	38 B 2	
Valognes	4 B 2	
Valras-Plage	52 A 3	
Valréas	45 D 2	
Vals-les-Bains	45 C 1	
Vannes	13 D 3	
Les Vans	45 C 2	
Vaour	42 B 3	
Varades	25 C 1	
Varengeville-sur-Mer	6 B 1	
Varennes-en-Argonne	9 D 3	
Varennes-sur-Allier	36 A 1	
Varennes-sur-Amance	20 A 3	
Varilhes	50 B 2	
Vars	47 C 1	
Varzy	28 B 1	
Vassieux-en-Vercors	45 D 1	
Vassy	5 C 3	
Vatan	27 C 2	
Vatry	19 C 1	
Vaucouleurs	20 A 1	
Vauvert	53 C 2	
Vauvillers	20 A 3	
Vayrac	42 B 1	
Vélines	41 D 1	
Venaco	55 D 2	
Venarey-les-Laumes	29 D 1	
Vence	47 D 3	
Vendeuvre	19 C 2	
Vendôme	16 B 3	
Verberie	7 D 3	
Vercel-Villedieu	31 C 1	
Le Verdon-sur-Mer	32 B 2	
Verdun	9 D 3	
Verdun-sur-Garonne	42 A 3	
Verdun-sur-le-Doubs	29 D 2	
Verfeil	50 B 1	
Vergt	42 A 1	
Vermand	8 A 2	
Vermenton	28 B 1	
Vernet-les-Bains	51 D 3	
Verneuil-sur-Avre	16 B 1	
Vernon	6 B 3	
Vernoux-en-Vivarais	45 C 1	
Verny	10 A 3	

La Verpillière .... **37 D 2**
Versailles .... **17 C 1**
Verteillac .... **33 D 3**
Vertus .... **18 B 1**
Vervins .... **8 B 2**
Verzy .... **8 B 3**
Vescovato .... **55 D 2**
Vesoul..................... **20 A 3**
Veules-les-Roses........... **6 A 2**
Veulettes-sur-Mer .... **6 A 2**
Veynes .... **46 A 2**
Veyre...................... **36 A 2**
Veyrier .... **38 B 1**
Vézelay .... **28 B 1**
Vézelise .... **20 A 2**
Vézénobres................ **45 C 3**
Vézins-de-Lévézou .... **43 D 2**
Vezzani................... **55 D 2**
Vias .... **52 A 3**
Vibraye .... **16 A 3**
Vic-en-Bigorre............. **49 D 1**
Vic-Fezensac .... **41 D 3**
Vic-le-Comte .... **36 A 2**
Vic-sur-Aisne .... **8 A 3**
Vic-sur-Cère .... **43 D 1**
Vicdessos................. **50 B 3**
Vichy .... **36 A 1**
Vico .... **55 D 2**
Vidauban .... **54 B 1**
Vielle-Aure .... **49 D 3**
Vielmur-sur-Agout......... **51 C 1**
Vienne .... **37 D 2**
Vierzon .... **27 D 2**
Vieux-Boucau-
  les-Bains .... **40 A 3**
Vif........................ **38 A 3**
Le Vigan.................. **44 B 3**
Vigeois .... **34 B 3**
Les Vignes................ **44 A 2**
Vigneulles................ **10 A 3**
Vignory .... **19 D 2**
Vihiers.................... **25 D 2**
Villaines-la-Juhel .... **15 D 2**
Villandraut .... **41 C 2**
Villandry .... **26 A 1**
Villard-de-Lans .... **38 A 3**
Villars-les-Dombes .... **37 D 1**
Villé .... **21 C 2**
Ville-en-Tardenois .... **8 B 3**
Ville-sur-Tourbe .... **9 C 3**
Villebois-Lavalette......... **33 D 3**

La Villedieu-du-Clain ...... **26 A 3**
Villedieu-les-Poêles-
  Rouffigny................. **4 B 3**
Villefagnan .... **33 D 1**
Villefort .... **44 B 2**
Villefranche-d'Albigeois ... **43 C 3**
Villefranche-de-Lauragais .. **51 C 1**
Villefranche-de-Lonchat.... **41 D 1**
Villefranche-de-Rouergue.. **43 C 2**
Villefranche-du-Périgord ... **42 A 2**
Villefranche-sur-Cher...... **27 C 1**
Villefranche-sur-Mer....... **47 D 3**
Villefranche-sur-Saône .... **37 C 1**
Villemur-sur-Tarn .... **42 B 3**
Villenauxe-la-Grande...... **18 A 1**
Villeneuve................ **43 C 2**
Villeneuve d'Ascq......... **3 D 2**
Villeneuve-de-Berg....... **45 C 2**
Villeneuve-de-Marsan..... **41 C 3**
Villeneuve-l'Archevêque... **18 A 2**
Villeneuve-lès-Avignon.... **45 D 3**
Villeneuve-sur-Lot........ **41 D 2**
Villeneuve-sur-Yonne...... **18 A 3**
Villeréal .... **42 A 1**
Villers-Bocage (Calvados) .. **5 C 3**
Villers-Bocage (Somme) ... **2 B 3**
Villers-Bretonneux........ **7 D 2**
Villers-Cotterêts.......... **8 A 3**
Villers-Farlay............. **30 B 2**
Villers-le-Lac .... **31 C 2**
Villers-sur-Mer........... **5 D 2**
Villersexel .... **31 C 1**
Villerupt................. **10 A 2**
Villerville .... **5 D 2**
Villiers-Saint-Georges...... **18 A 1**
Vimoutiers .... **5 D 3**
Vinay..................... **37 D 3**
Vinça.................... **51 D 3**
Vire-Normandie .... **5 C 3**
Vireux-Wallerand .... **9 C 1**
Virieu.................... **38 A 2**
Virieu-le-Grand........... **38 A 2**
Vitré..................... **14 B 2**
Vitrey-sur-Mance .... **20 A 3**
Vitrolles .... **53 D 2**
Vitry-en-Artois .... **3 C 2**
Vitry-le-François......... **19 C 1**
Vitteaux .... **29 D 1**
Vittel .... **20 A 2**
Viverols .... **36 B 3**
Le Vivier-sur-Mer .... **14 A 1**

Viviers.................... **45 D 1**
Vivonne .... **26 A 3**
Vizille.................... **38 A 3**
Vizzavona .... **55 D 2**
Void-Vacon............... **20 A 1**
Voiron.................... **38 A 3**
Voiteur................... **30 A 3**
Volmunster............... **11 C 3**
Volonne .... **46 B 3**
Volvic .... **35 D 2**
Volx..................... **46 A 3**
Vonnas .... **37 D 1**
Voreppe.................. **38 A 3**
Vorey.................... **36 B 3**
Vouillé................... **26 A 3**
La Voulte-sur-Rhône....... **45 D 1**
Vouvant .... **25 C 3**
Vouvray .... **26 B 1**
Vouziers................. **9 C 3**
Voves.................... **17 C 2**

W

Wangenbourg............. **21 C 1**
La Wantzenau............. **21 D 1**
Wasselonne .... **21 C 1**
Wassigny .... **3 D 3**
Wassy.................... **19 D 2**
Wimereux................ **2 A 1**
Wintzenheim............. **21 C 2**
Wissant.................. **2 B 1**
Wissembourg .... **11 D 3**
Woerth.................. **11 D 3**
Woippy.................. **10 A 3**
Wormhout............... **3 C 1**

X - Y - Z

Xertigny................. **20 B 3**
Yenne .... **38 A 2**
Yerville .... **6 B 2**
Yport.................... **6 A 2**
Yssingeaux .... **36 B 3**
Yvetot................... **6 A 2**
Yvoire................... **31 C 3**
Yzeure................... **28 B 3**
Zicavo................... **55 D 3**
Zonza................... **55 D 3**

Légende

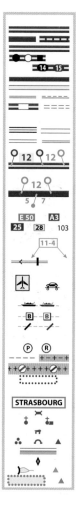

Routes
Autoroute
Route-auto - Autoroute et assimilée
Double chaussée de type autoroutier
Échangeurs : complet, partiels, sans précision
Numéros d'échangeurs
Itinéraire principal recommandé par MICHELIN
Itinéraire régional ou de dégagement recommandé par MICHELIN
Route revêtue - non revêtue
Autoroute - Route en construction

Largeur des routes
Chaussées séparées - 2 voies larges
2 voies - 2 voies étroites

Distances (totalisées et partielles)
Sur autoroute en kilomètres
Section à péage - Section libre

Sur route en kilomètres

Numérotation - Signalisation
Route européenne - Autoroute
Autres routes

Alertes Sécurité
Enneigement : période probable de fermeture
Forte déclivité - Barrière de péage

Transports
Aéroport - Auto/Train
Transport des autos : liaison permanente - saisonnière
par bateau
par bac
Bac pour piétons et cycles

Administration
Capitale de division administrative
Limites administratives
Frontière - Douane principale - Douane avec restriction
Zone interdite aux étrangers / Zone militaire

Lieux touristiques
Sites classés 2 et 3 étoiles par le Guide Vert MICHELIN
Château
Édifice religieux - Monastère
Monument mégalithique
Ruines - Grotte - Autres curiosités
Parcours pittoresque
Parc de loisirs
Barrage - Cascade
Parc national - Parc naturel